Die Neonazis

Jürgen Pomorin / Reinhard Junge

Die Neonazis

und wie man sie bekämpfen kann

Weltkreis-Verlag
Dortmund 1978

Die Autoren dieses Buches:

Jürgen Pomorin, geb. 1953, gelernter Bankkaufmann, Wehrpflichtiger, Redakteur des Jugendmagazins elan.
Von Jürgen Pomorin erschien bereits im Weltkreis-Verlag: *Rührt Euch, Kameraden!* Tagebuch eines Wehrpflichtigen, 2. Auflage, 192 S., 7,80 DM; *Stories in Oliv* (Mitverfasser), 3. Auflage, 238 S., 9,80 DM.
Reinhard Junge, geb. 1946, Abiturient, Wehrpflichtiger, Gymnasiallehrer, wegen seines öffentlichen Auftretens gegen Bochumer Neonazis vom Berufsverbot bedroht.
Von Reinhard Junge erschien bereits im Weltkreis-Verlag: *Barras-Report,* Tagebuch einer Dienstzeit, 162 S. (vergriffen); Mitarbeit an „Zwischen Arrestlokal und Verfassung".

Bildnachweis: Archiv (24), Canehl (1), dpa (3), Meyborg (13), Rose (3), Scholz (3), Walloch (7).

Postfach 789, 4600 Dortmund 1
Umschlaggestaltung: Kollektiv VK, Dortmund
Umschlagfoto: stern

Herstellung: Plambeck & Co Druck und Verlag GmbH, 4040 Neuss
Auflage: 5.4.
ISBN 3-88142-197-1

Inhalt

7 Vorwort

9 Jürgen Pomorin: Die schwarzen Jungs vom „Egerländer“

12 Die Jungfernrede
15 In der Höhle des Löwen
17 Hoffmann schlug zu
21 „Hitler-Welle“ – erste Ergebnisse
23 Bei „MUT” nichts Neues
28 „Freundeskreis Filmkunst e. V.“
34 Verdammt viel Glück
37 Stunk im Haus
49 Treffpunkt „Egerländer“
54 Kühnen plaudert aus
57 Karriere beim „Bund“
60 „Aufstehen! Hände hoch!“
67 Getrennt marschieren, vereint schlagen
72 Die letzte Runde
74 Neues aus Nebraska
77 Der Herr aus Österreich
83 Und danach?

86 Jürgen Pomorin / Reinhard Junge: Neonazistische Organisationen auf einen Blick

87 Aktion Oder / Neiße (Akon)
88 Aktionsfront Nationaler Sozialisten (ANS)
90 Aktionsgemeinschaft Nationales Europa (ANE)
90 Arbeitsgemeinschaft der Reservisten, Soldaten und Traditionsverbände (ARST)
91 Arbeitskreis Volkstreuer Verbände (AVV)
91 Bund der Vertriebenen (BdV)
92 Bund Heimattreuer Jugend (BHJ)
93 Deutsche Bürgerinitiative

93 Deutsche Jugend des Ostens – Deutsche Jugend in Europa
93 Deutsche Volksfront (DV)
94 Deutsche Volksunion (DVU)
95 Deutsches Kulturwerk europäischen Geistes (DKeG)
95 Freiheitlicher Rat
96 Gemeinschaft ostdeutscher Grundeigentümer
96 Hilfsgemeinschaft auf Gegenseitigkeit der Soldaten der ehemaligen Waffen-SS e. V. (HIAG)
98 Junge Nationaldemokraten (JN)
99 Kampfbund Deutscher Soldaten (KDS)
100 Nationaldemokratische Partei Deutschlands (NPD)
101 Nationalsozialistische Deutsche Arbeiterpartei – Auslandsorganisation (NSDAP/AO)
102 Neues Nationales Europa (NNE)
102 Notverwaltung des Deutschen Ostens (NDO)
103 Stahlhelm – Kampfbund für Europa
103 Unabhängige Arbeiter-Partei (UAP)
103 Wehrsportgruppe Hoffmann
104 Wiking-Jugend (WJ)
104 Witikobund

---

111 Reinhard Junge: So kämpft man gegen Neonazis

112 Menschenjagd in Frankfurt
121 Fürther Bürger machen mobil
130 Kasseler Schüler kontra „Hitlerwelle“

---

139 Jürgen Pomorin / Reinhard Junge: Sie setzen sich zur Wehr

140 Karl Fleischbein
143 Klaus Krümmel
146 Birgit von Randow
148 Dieter Beller

---

150 Filme, Bücher, Adressen

Vorwort

Bundesrepublik Deutschland, 22. Juli 1978. Hundert alte und junge Nazis veranstalten bei Hamburg eine „Hitler-Feier". „Festredner" ist der ehemalige Bundeswehr-Leutnant Michael Kühnen, Chef der Terrorbande „Aktionsfront Nationaler Sozialisten". Demokratische Journalisten drängen die Polizei zum Eingreifen. Aber sechs Tage nach der blutigen Saalschlacht ist Kühnen wieder auf freiem Fuß...

An Kiosken und Buchläden hängen Nachdrucke von Nazizeitschriften, kriegsverherrlichende Landser-Hefte, als „Dokumentationen" getarnte Lobgesänge auf die bestialische SS. Auf Flohmärkten werden faschistische Orden, Nazidolche, Hitler-Bücher gehandelt. Und rund 150 neonazistische Gruppen predigen Führerkult und Völkerhaß, überfallen Veranstaltungen fortschrittlicher Organisationen, rühren die Werbetrommel unter jungen Deutschen. Polizeipräsidenten und Staatsanwälte sehen zumeist tatenlos zu oder weg...

Woher kommen die neuen Nazis? Was wollen sie? Wer braucht sie? Unser Land ist schön und reich. Wir haben geschickte Arbeiter und kluge Wissenschaftler, eine hochentwickelte Industrie. Der Reichtum könnte allen nützen. Aber wir haben über 1 Million Arbeitslose, unter ihnen 350000 Jugendliche. Sie kommen aus überfüllten Klassenzimmern und finden keine Lehrstelle. Sie sind Ausgestoßene, noch ehe ihr Leben richtig begonnen hat. Wo sollen sie hin mit ihren Sorgen? Wer gibt ihnen eine politische Heimat? Nicht nur die demokratischen Jugendverbände. Auch die Neonazis stehen bereit: mit verlogener Lagerfeuerromantik, perversem Führer- und Herdenkult, antidemokratischen Parolen. Sie fühlen sich wohl in diesem politischen Klima. Berufsverbote, Gesinnungsschnüffelei, Bespitzelungen von Schülern durch den sogenannten Verfassungsschutz, Verteufelung von Sozialisten als Terroristen – dies ist der Nährboden, auf dem die Neonazis gut gedeihen können. Bundeswehreinheiten dürfen den Einsatz gegen streikende Arbeiter proben. Der bayrische Ministerpräsidentenanwärter Franz Josef Strauß darf sich ungeschoren für unser Land „chilenische Zu-

stände“ herbeiwünschen. So ist es nicht verwunderlich, wenn alte und neue Nazis aus den Rattenlöchern der Vergangenheit kriechen und ihre Hilfe bei der Beseitigung der Demokratie anbieten.
Und es gibt einflußreiche Kräfte, denen jeder Schritt in Richtung eines neuen Faschismus willkommen ist, die sich die neonazistischen Banden als antikommunistische Speerspitze für den Tag X bereithalten wollen.
Ob sie allerdings ihre Pläne durchsetzen können, hängt nicht allein von ihnen ab. Denn 1978 ist nicht 1933. Ein schrecklicher Nazirichter konnte zum Rücktritt als Ministerpräsident gezwungen werden. In den vergangenen Monaten gab es im ganzen Land große Kundgebungen und Demonstrationen gegen die Neonazis. Sie waren getragen von einem breiten Bündnis demokratischer Parteien und Organisationen. In einer Umfrage des Jugendmagazins elan sprachen sich alle einflußreichen Jugendverbände mit Ausnahme der Jungen Union und des Rings Christlich-Demokratischer Studenten für gemeinsame Aktionen gegen die neofaschistischen Umtriebe aus. Antifaschisten, demokratische Parteien und Jugendverbände – wir alle können dafür sorgen, daß den Neonazis ein Strich durch die Rechnung gemacht wird, daß solche braunen Terroristen wie Kühnen, Schönborn und Bundt, von denen in diesem Buch die Rede ist, dorthin wandern, wo sie hingehören: hinter Schloß und Riegel.
Dieses Buch soll nicht nur die Bedrohung durch die braunen Banden enthüllen, es soll auch Möglichkeiten und Beispiele aufzeigen, wie man sie erfolgreich bekämpfen kann. Es versteht sich als ein Beitrag zu der Forderung, die immer größeren Widerhall findet: Nazis raus aus unseren Städten!

August 1978 Die Autoren

Jürgen Pomorin

Die schwarzen Jungs vom „Egerländer“

„Wir Hamburger Parteigenossen geloben der Reichsleitung der NSDAP, noch härter zu arbeiten und zu kämpfen, damit unsere Nationalsozialistische Deutsche Arbeiterpartei zu einem gewichtigen Faktor in diesem Gau wird. Wir haben ein Ziel – fangen wir an: HAMBURG WIRD BRAUN!“ (DER STURM, SA-Kampfblatt für Hamburg und Umgebung, Nr. 1, September 1977)

Es hat aufgehört zu regnen. Dennoch lockt dieser graue Novemberabend kaum Leute auf die Straße. Bei diesem feuchtkalten Wetter, bei dem die sonst freundlich und bunt erscheinenden Fassaden der Häuserfront im Hamburger Stadtteil Groß-Borstel kalt, abstoßend und grau wirken, kuschelt man sich lieber auf seinem Sofa in Reichweite des Ofens, als einen riskanten Abendspaziergang durch Pfützen und in Reichweite wasseraufspritzender Autos zu unternehmen.
Ich gehöre zu den Hartnäckigen, die sich dem Stavenhagenhaus an der Frustbergstraße nähern. An der Straßenecke wieder eine Stelltafel: „Öffentliche Versammlung, NPD Kreisverband Hamburg-Nord. Es spricht: Fritz Ulrich Bundt, stellvertretender Bundesvorsitzender der Jungen Nationaldemokraten. Thema: Nationale Jugend für ein besseres Deutschland. Stavenhagenhaus, 20.00 Uhr“. Mich treibt weder nationale Erleuchtung noch angebrachter Protest auf diese NPD-Veranstaltung. Ich will Leute kennenlernen, Kontakte aufnehmen, mitmachen. Vor Wochen noch hatten wir auf der Redaktionssitzung gegrübelt, wie wir an weitere Informationen über die neonazistische Szene, über ihre Pläne, Aktionen und Hintermänner herankommen. Wie wir unseren Lesern nachdrücklich und überzeugend die Gefahr der neonazistischen Banden vermitteln können. Das war die Geburtsstunde der Idee, als Neonazi getarnt unter Neonazis zu arbeiten und über diesen Weg an Informationen zu kommen, die der Öffentlichkeit sonst verborgen bleiben. Unsere Wahl fiel auf Hamburg. Von freier Wahl konnte man nicht sprechen. Hamburg hatte sich in den letzten Jahren zu einem Tummelplatz für Neonazis entwickelt. In der Regel

unbeachtet von Polizei und Justiz, trieben und treiben über zwanzig reaktionäre und neonazistische Organisationen in der Hansestadt ihr Unwesen. Eine der Bilanzen ihrer Tätigkeit mußte der Hamburger Senat aufgrund einer kleinen Anfrage schriftlich festhalten: Innerhalb von sechs Monaten wurden offiziell 14 Fälle von Hakenkreuzschmierereien, sieben Anschläge auf Büros der DKP und Verwüstungen auf fünf, meist jüdischen, Friedhöfen registriert. Am 6. Juni 1977 wurde eine jüdische Synagoge mit Hakenkreuzen und Parolen „Juda verrecke" und „In Auschwitz macht die Arbeit frei" beschmiert.
Die faschistischen Aktionen gingen – so vermutete man – zumeist auf das Konto der Bande um den 20jährigen Exbundeswehrleutnant Michael Kühnen. Sein „Freizeitverein Hansa" war am 1. September auf frischer Tat ertappt worden. In einer Wohnung fand die Polizei Waffen, Uniformen, Stahlhelme und faschistische Schriften. Nicht genug für die Hamburger Justiz, die die Bande wieder laufen ließ. Unser einziger Ansatzpunkt: Die meisten Mitglieder dieser illegalen faschistischen Bande kamen aus der NPD und ihrer Jugendorganisation, den „Jungen Nationaldemokraten".
Mit einem flauen Gefühl in der Magengegend öffne ich die Tür zum „Stavenhagenhaus". Ein knappes Dutzend Leute steht in der kleinen Eingangshalle. Ein junges Mädchen an einem Büchertisch wirft mir einen flüchtigen Blick zu. Ich fahre mit der Hand durch das Haar, ordne die Haare zu einem Seitenscheitel, wische mit einem Tempotuch die Wassertropfen von der Hornbrille, Marke Krankenkasse. Mein eigener Vater hätte mich heute wohl nicht wiedererkannt: keine Jeans, keine Levis-Jacke – ich war von Kopf bis Fuß auf „braun" eingestellt; braune Stoffhose, brauner Pullover, brauner Mantel. Anpassen war angesagt – nicht nur von der Gesinnung, sondern auch vom Aussehen. Und es spricht etwas dafür, daß braune Gesinnung sich auch auf die Lieblingsfarbe auswirkt. Es ist kein Witz. Braun und Schwarz sind unter Reaktionären aller Schattierungen die Top-Modefarben Nr. 1. Und das seit 50 Jahren – nach altem bewährtem Vorbild! So bin ich nicht der einzige, der hier im braunen Dreß rumläuft. Am Büchertisch macht mich ein älterer Mann an: „Möchten Sie auch zur Veranstaltung?" „Ja, warum?" „2,– DM". Ich krame zwei Markstücke hervor und erhalte dafür einen Schnipsel mit einem Stempel der NPD. Im Veranstaltungssaal haben 18 Besucher Platz genommen, nur drei Jugendliche sind darunter.

Zwanzig Minuten nach acht eröffnet der NPD-Kreisvorsitzende die Veranstaltung: „Ich möchte Sie im Namen des NPD-Kreisverbandes Nord hier recht herzlich begrüßen. Mein Name ist Manuel Regehly. Ich bedauere, daß heute nicht mehr Kameraden gekommen sind. Zum einen mag es am schlechten Wetter liegen, zum anderen wohl daran, daß draußen wieder Kommunisten die Besucher davon abhalten wollen, sich hier zu informieren, was die NPD für Alternativen anbietet."
Es stimmte. Draußen hatte sich ein knappes Dutzend Gegendemonstranten eingefunden, um gegen die Veranstaltung der NPD zu protestieren. Als man merkte, daß die Resonanz auf die Einladung zur Veranstaltung ohnehin nur sehr gering war und sich ein Demonstrant im Saal von der Bedeutungslosigkeit der NPD-Versammlung überzeugt hatte, war man abgerückt. Der Regen hatte verständlicherweise ihren Aktionswillen stark beeinträchtigt.
Fritz-Ulrich Bundt, stellvertretender Bundesvorsitzender der „Jungen Nationaldemokraten (JN)" und Landesvorsitzender in Niedersachsen, ergreift das Wort. Eine Stunde lang redet der dunkelblonde Jungnazi mit dem feingeschnittenen Gesicht und dem sauberen Haarschnitt vom Neuaufbau Deutschlands à la NPD. Kernsätze: Gastarbeiter raus! Todesstrafe her! Gewerkschaftsrechte einschränken! Deutschland wiedervereinigen! Die rechten Kräfte sammeln!
Manuel Regehly, Besitzer des Reformhauses „Rübezahl" in der Borsteler Chaussee 160 und eifriger Vertreiber von Autoaufklebern „Deutsches Reich, Ostprovinzen" und nazistischer Bücher, eröffnet die Diskussion.
Eine hysterische ältere Frau, Ende fünfzig, kann nun nicht mehr an sich halten: „Wir leben ja unter einer SPD-Diktatur!" Wie auf einem Kaffeekränzchen plaudert sie über Gespräche mit ihren Arbeitskollegen und weiß ihren Spruch von der SPD-Diktatur mindestens viermal zu unterstreichen. Auf dem Postscheckamt wäre es am schlimmsten, dort wären „deutschnationale Kameradinnen" offen attackiert worden. „Das ist doch keine Demokratie mehr, das ist doch eine SPD-Diktatur!" Regehly pflichtet ihr vom Podium bei: „Es ist wirklich eine Schande, wie aufrechte Deutsche, die ihre Meinung vertreten, verfolgt und eingeschüchtert werden. Ich denke da nur an den Radikalenerlaß, mit dem man uns nationale Kräfte mundtot machen will."
Ich denke auch an diesen Erlaß und an einen der prominentesten

NPD-Führer, Günther Deckert aus Weinheim. Der langjährige Vorsitzende der Jungen Nationaldemokraten und stellvertretende Bundesvorsitzende der NPD ist nach wie vor Oberstudienrat an einem Mannheimer Gymnasium. Erst im August 1977 hatte ihm die Disziplinarkammer Karlsruhe erneut bestätigt, daß er seine Lehrtätigkeit weiter ausüben darf, sein Einsatz für die NPD sei kein Dienstvergehen. Berufsverbote für Neonazis kann man mit der Lupe suchen, während fortschrittliche Lehrer und Beamte – ob Kommunist, Sozialdemokrat oder Liberaler – immer häufiger über die Klinge springen.
Eine weitere ältere Dame meldet sich zu Wort: „Wichtig ist doch, die Jugend zu gewinnen. Warum macht die JN nicht so Tanzveranstaltungen wie die SDAJ. Da kommen immer viele Jugendliche hin. Aber so Veranstaltungen wie heute, da kommen doch keine Jugendlichen hin."
Signal für Fritz-Ulrich Bundt: „Das ist einfacher gesagt als getan. Natürlich haben Sie recht – die Richtung, mit Tanzveranstaltungen und so, die stimmt. Aber Sie sehen doch heute wieder – die Kommunisten lassen uns nicht in Ruhe, stören unsere Veranstaltungen. Und wenn es dann zu Auseinandersetzungen kommt, lassen die Mütter ihre Kinder nicht mehr zu unseren Veranstaltungen, weil sie Angst haben, daß etwas passiert. Aber Sie haben recht, und in Niedersachsen haben wir mit Erfolg schon so etwas praktiziert."

Die Jungfernrede

Obwohl ich immer an passender Stelle applaudiere und zustimmend mit dem Kopf nicke, streifen mich hin und wieder mißtrauische Blicke. Ich bin neu in dieser rechten Szene, man weiß mich nicht so recht einzuschätzen.
Ich fasse mir ein Herz und melde mich zu Wort: „Ich komme nicht aus Hamburg, sondern bin nur zu Besuch hier. Ich studiere in Essen. Aber was an diesen Tagen an den Universitäten getrieben wird, verlangt Aufmerksamkeit und entschiedenen Protest aller nationalen Demokraten ..." Und dann lege ich mich ins Zeug, lasse am bundesweiten Streik der Studenten kein gutes Haar, schimpfe über kommunistische Professoren und Studenten, über die Universitäten als rote Kaderschmiede und Brutstätte für den Terrorismus – so wie ich es aus wochenlangem Studium der „Nationalzei-

tung“ und des „Bayernkuriers“ gelernt hatte. Ich muß den Nazi-Jargon wohl getroffen haben, dankbare Blicke, Kopfnicken, vereinzelt Händeklatschen.
„Ich kann Ihnen da nur zustimmen.“ Fritz-Ulrich Bundt hatte ich aus dem Herzen gesprochen: „Ich selbst studiere hier in Hamburg Jura. Bei uns im Fachbereich gibt es allerdings nicht so viele Linke. In unserem Fachbereich haben sie keine Chance.“

Bald darauf schließt Manuel Regehly die Veranstaltung. „Ich möchte zum Abschluß ein Gedicht unserer Kameradin Renate Schütte vortragen. Es heißt ‚Der Wind schlägt um‘.

‚Wir hören es am Toben unsrer Feinde
wir wissen es im Kreise unsrer Freunde
und mancher Enkel fragt nun schon: Warum?
Der Wind schlägt um!

Die Seele ringt sich frei aus tiefem Schlamme
im deutschen Herzen lodert neu die Flamme
und manch gebeugter Rücken regt sich stumm
der Wind schlägt um!

Der Deutsche kann nicht mehr in Knechtschaft leben!
Gerechtigkeit beginnt sich zu erheben
nicht jeder Richter macht den Rücken krumm
der Wind schlägt um!

Die Deutschen hören auf sich zu bekriegen
und wissen, nur gemeinsam kann man siegen!
Und lauter wird der Ruf um uns herum:
Der Wind schlägt um!‘

Danke schön. Guten Heimweg!“
Mir ist abwechselnd heiß und kalt geworden. Das war kein Gedichtvortrag, das war eine haßerfüllte Kampfansage. Seine bebende Stimme hatte den ganzen Raum erfüllt, seine Augen waren aufgerissen, seine beiden Hände, die den Stuhlrücken gefaßt hatten, verkrampft und zitternd. Das war ein Propagandastil, der mir bisher nur aus den Nazi-Filmen des „Dritten Reiches“ bekannt war, keine Wärme, keine Herzlichkeit – nur Haß und Brutalität. Es dauert etwas, bis ich mich gefaßt habe. Fritz-Ulrich Bundt steuert vom Podium auf mich zu.

„Ja, wir Studenten haben es nicht leicht. Was studierst du denn?“
„Sozialpädagogik.“
„Au, das ist ja fast völlig von den Linken in der Hand. Hier in Hamburg?“
„Nein, in Essen. Ich will aber bald nach Hamburg ziehen. Als Nationalem machen die einem in Essen so das Leben schwer. Außerdem habe ich hier Freunde.“
„Parteimitglied?“
„Nein, noch nicht. Ich war des öfteren schon mal auf NPD-Veranstaltungen. In Bochum. Habe auch schon mal bei der JN reingeschaut. Aber feste Mitarbeit bisher nicht.“
Bundt lächelt mich freundlich an. Er wittert eine Neuaufnahme: „Und warum nicht?“
„Politisch ist bei mir alles klar. Aber die Bequemlichkeit. Weißt du, so kontinuierlich was machen, das kostet Überwindung. Aber es muß sein. Was jetzt in Deutschland alles passiert, da ist doch jeder aufgefordert, der als Deutscher was auf sich hält, alle Kräfte zu mobilisieren.“
„Mmmhhh.“
„Was läuft denn bei euch in Hamburg so? Ist da Schwung drin?“
„Da habe ich wenig Überblick. Ich studiere hier nur und bin ab und zu auf größeren Veranstaltungen. Am Wochenende bin ich in Niedersachsen. Schließlich muß ich meinen Landesverband in Schwung halten. Die JN trifft sich aber regelmäßig.“
Er blättert im Info-Blatt der Hamburger Nationaldemokraten und zeigt auf den Veranstaltungskalender:
„Hier. Junge Nationaldemokraten, Diskussionsabend, Landesgeschäftsstelle. 30.11.1977 – das ist Mittwoch, 19.00 Uhr. Ich bin auch da. Komm doch einfach mal vorbei.“
„Laß mich mal überlegen. Mittwoch? – Doch, kann ich! Gut, dann sehen wir uns wieder.“
„Soll ich dich mit dem Auto ein Stück mitnehmen?“
„Nee, laß mal. Ich vertrete mir noch ein bißchen die Füße. Sitze beim Studieren sowieso immer rum. Da tut ein Abendspaziergang gut. Tschüs!“
Es ist allerdings nicht das erste Mal, daß ich die zweifelhafte Ehre habe, Bekanntschaft mit JN-Mitgliedern und Funktionären der NPD zu machen.
Im Oktober 1974 war ich als frischer elan-Redakteur zum IV. Bundeskongreß der „Jungen Nationaldemokraten“ gefahren und

hatte als Pressevertreter die nationalistischen und antikommunistischen Hetztiraden über mich ergehen lassen müssen. Ein Soldatenprogramm und ein Bildungsprogramm waren damals verabschiedet worden. Und es gab nicht wenig Kritik aus den eigenen Reihen. Sie waren Ausdruck der unterschiedlichen Auffassungen – jene, die auf alter Linie offen erzreaktionäre Politik betrieben, und solche, die unter dem Mäntelchen der „nationalen Solidarität" mit der CDU/CSU und anderen rechten Kräften liebäugeln.
Einig war man nur im „dritten Weg", dem propagierten „Nationalismus", zwischen „Dollar-Imperialismus und Panzerkommunismus".
Doch so neu und so anders ist dieser „dritte Weg" nicht, in dem die „freie Marktwirtschaft der Eckpfeiler des Systems" ist und der Klassenkampf zugunsten des „sozialen Friedens" einer „Betriebsgemeinschaft", in dem die Gewerkschaften wie unter der Nazi-Herrschaft ihrer elementarsten Grundrechte beraubt sind, ersetzt ist.
Denn selbst die „Junge Union" hat ebendiesen „dritten Weg", angeblich zwischen Kapitalismus und Kommunismus, auf ihre Fahnen geschrieben. Bei der „freien Marktwirtschaft" reichen sie sich die Hände.
Meine Eindrücke, die Fakten und Schriften von damals sind mir heute eine gute Hilfe.

In der Höhle des Löwen

Kurz vor 20.00 Uhr klopfe ich an die Tür des NPD-Landesbüros in der Barnerstraße 42. Die Tür zur Dachgeschoßwohnung wird vorsichtig geöffnet. „Ich wollte zur Diskussionsrunde der Jungen Nationaldemokraten. Fritz-Ulrich Bundt hat mich eingeladen." Der NPD-Landesvorsitzende Sabrautzky – ich kenne ihn vom Foto her – weiß von nichts: „Heute? Da haben die Burschen mir nichts von gesagt. Ist auch keiner da."
Er läßt mich eintreten. An einem Schwarzen Brett mustert er den Veranstaltungskalender. „Ist wirklich wahr. Aber um 19 Uhr sollte es schon sein!"
„Ich habe gedacht um 20 Uhr."
Ich hätte mich ins Knie beißen können. Da bin ich – völlig gedankenlos – eine glatte Stunde zu spät gekommen. Dabei hatte ich

mindestens dreimal heute in den Veranstaltungskalender geguckt. Hatte ich nun alles versaut?
Sabrautzky schüttelt den Kopf: „Versteh ich nicht. Ich bin seit 18 Uhr hier. Von den Burschen war keiner da, hat auch keiner abgesagt."
Versäumt hatte ich also nichts. Aber einen Schritt weiter war ich auch nicht. Keine Leute – keine Gespräche – keine Kontakte. Ich mußte Zeit gewinnen. Vielleicht kam noch jemand.
„Aber Fritz-Ulrich Bundt hat mich vorgestern noch mal ausdrücklich drauf hingewiesen. Er wollte auch selbst kommen."
„Bisher war er nicht da!"
Zeit gewinnen, aber wie?
„Ich war vorgestern im Kreisverband Nord. Ganz gute Veranstaltung!"
„Mmmmh. Schon gehört!"
„Tja. Ob die wohl noch kommen?"
„Tja. Weiß man nicht."
„Wann treffen die sich denn wieder?"
„Das habe ich nicht im Kopf. Müßtest du Peer fragen!"
„Mmmhh."
Es klingelt.
In der Tür steht Fritz-Ulrich Bundt mit einem weiteren „Kameraden". Mir fällt ein Stein vom Herzen. Wir begrüßen uns wie zwei alte Freunde.
Fritz-Ulrich Bundt weiß, warum wir diesen Abend alleine verbringen werden: „In Hamburg liegt die JN ziemlich am Boden. Viele von denen sind zur ‚Aktionsfront Nationaler Sozialisten' gegangen. Der Rest ist abgeschlafft."
Bei „Aktionsfront Nationaler Sozialisten" zucke ich zusammen. Da fiel zum ersten Mal der Name jener Organisation, deren Bekanntschaft ich so sehr erhoffe. Die „Aktionsfront", das war die Nazi-Truppe um Michael Kühnen. Hervorgegangen aus dem „Freizeitverein Hansa", hatte sich die „Aktionsfront" eine Woche zuvor, am Samstag, dem 26. 11. 1977, offiziell gegründet. Im Namen einer „Bürgergemeinschaft Hamburg" hatte Kühnen Gesinnungsfreunde und Presse um 12 Uhr ins Restaurant „Hanseat" geladen. Erst auf Betreiben des FDP-Abgeordneten Gerhard Weber war die Zusammenrottung der Jungnazis verboten worden. Doch was sich noch am selben Nachmittag abgespielt hatte, war ein Skandal ersten Ranges für die Hamburger Polizei. Michael Küh-

nen hatte vor dem Restaurant gegenüber seinen 30 Anhängern und der Presse die Verbotsverfügung verlesen, kurzerhand einen neuen Treffpunkt genannt und noch am selben Nachmittag in den „Bürgerstuben" in Hamburg-Wandsbek vor reichlich versammelter Presse seine Gründungsveranstaltung abgehalten. Und die Polizei? Die hatte sich, nachdem Kühnens uniformierte Kampftruppe geschlossen vom Restaurant Hanseat abgerückt war, aus dem Staub gemacht. Ein Nachforschen schien ihr die Sache nicht wert – abgeblasen, aus!

Ich hake ein: „Aktionsfront Nationaler Sozialisten – Was ist denn das für eine Organisation?"

Bundt winkt ab: „Spinner. Die meinen, wenn sie Grabsteine umkippen und Hakenkreuze malen, könnten sie die Welt verändern. Leider sind viele von unseren Mitgliedern dabei. Denen war das in der JN angeblich zu langweilig. Als ob politische Arbeit durch Nacht-und-Nebel-Aktionen zu ersetzen wäre. Das Ganze ist äußerst schädlich für unsere NPD-Arbeit. Bei uns gibt es deshalb auch einen Unvereinbarkeitsbeschluß."

Er zeigt auf das Schwarze Brett, auf dem ein Rundbrief des NPD-Parteivorstandes, unterschrieben vom Parteivorsitzenden Mussgnug, angeheftet ist.

Dort heißt es, daß diese Gruppen vom Verfassungsschutz initiiert worden wären, um den Ruf der Partei zu schädigen. Mitglieder solcher Gruppen müßten aus der Partei „entfernt" werden. Ausgerechnet Martin Mussgnug hat diesen Brief unterschrieben. Jener Rechtsanwalt Mussgnug, der gegenwärtig den Terroristen Hoffmann mit seiner Wehrsportgruppe vor Gericht verteidigt.

Hoffmann schlug zu

Anfang Dezember 1976 hatten 15 Schläger der „Wehrsportgruppe Hoffmann" und des „Hochschulringes Tübinger Studenten", eines CSU-nahestehenden Verbandes, an der Tübinger Universität ein Blutbad angerichtet, als sie mit Totschlägern, Stahlruten mit Eisenkugeln und Holzknüppeln Antifaschisten krankenhausreif schlugen. Geplant war eine Veranstaltung des „Hochschulringes Tübinger Studenten" mit Karl Heinz Hoffmann zur propagandistischen Unterstützung des Rassistenregimes in Rhodesien und der Anwerbung von Söldnern zur Bekämpfung der dortigen Befreiungsbewegungen.

Wegen Körperverletzung und versuchten Totschlages mußte Hoffmann vor Gericht. Der NPD-Parteivorsitzende Mussgnug – angeblich ja immer um den Ruf seiner Partei besorgt – übernahm die Verteidigung seines Gesinnungsfreundes Hoffmann.
Fritz-Ulrich Bundt macht sich am Gasofen des 2-Zimmer-Büros zu schaffen. Ihm ist das Thema „Aktionsfront" nicht recht. Einige Wochen später soll ich erfahren, warum.
„Geht denn der Ofen nicht an?"
„Ist verflucht kalt hier!"
Mit Unterstützung von Sabrautzky und seinem niedersächsischen Freund, es handelt sich um den Tischler Hans-J. Sakowski, Mitglied des Landesvorstandes der „Jungen Nationaldemokraten" in Niedersachsen, starten sie vergebliche Versuche, das Gerät in Gang zu bringen. Ich sehe mich etwas um.
Das NPD-Landesbüro besteht aus einem Versammlungsraum mit vier Tischen und einem Dutzend Stühlen. Direkt neben der Eingangstür steht eine Abzugsmaschine, in einem halbgeöffneten Schrank sehe ich mehrere Pakete Flugblätter und Wahlschriften. An den weißen Wänden verschiedene NPD-Plakate. Direkt daran grenzt ein kleiner Büroraum mit zwei Schreibtischen, einem Regal mit zahlreichen Ordnern und einem Stahlschrank.
Dem Ofen ist keine Wärme zu entlocken. Wir setzen uns im Mantel um einen der Tische. Mit einem Kurzbericht an seinen Landesvorsitzenden eröffnet Hans-J. Sakowski ein munteres Plauderstündchen, in dessen Verlauf ich unvorhergesehenen Einblick in die Tätigkeit der Leitung, Arbeitsplanung und Aktivitäten der JN in Niedersachsen erhalte. Einige nationalistische Zwischentöne und bescheidene Fragen meinerseits werden wohlwollend beantwortet, die letzten Zweifel an meiner „deutschnationalen" Gesinnung aus dem Weg geräumt. Ich werde mit einer Selbstverständlichkeit in ihre Arbeit und Pläne eingeweiht, die mich verblüfft. Die Trauer nach dem ausgefallenen Diskussionsabend war einem Fieber nach möglichst umfangreichen Informationen der Jungnazi-Szene in Niedersachsen gewichen.
Den sprudelnden Redeschwall der JN-Funktionäre habe ich einem Zufall zu verdanken. Tage zuvor war das JN-Schulungszentrum, ein Bauernhaus im niedersächsischen Badbergen, in Flammen aufgegangen. Für Bundt steht fest: „Kommunistische Gangster waren das. Klare Sache!"
Lebhaft erinnern sie sich an die gelungene Geburtstagsfeier für den

„Führer“ und wilde Sauforgien. Dann schwören Sakowski und Bundt Rache.
Rache nach einem bewährten Muster: „In Osnabrück gibt’s eine Teestube, die muß wohl einem DKP-Mitglied gehören, denn da treibt sich das ganze linke Gesocks rum. Bei dem hat es schon mehrmals geklirrt. Und einmal sind wir mit zwanzig Leute rein und haben die Stühle mal ein bißchen geradegerückt. Und alles mit Aufklebern versehen. Dem haben vor Angst die Knie geschlottert. Wenn der frech geworden wäre, dann hätten wir den fertiggemacht.“
„In Oldenburg sind wir auch schon mal in diesem Bücherladen gewesen. Einfach einige Bücher in die Hand genommen und fallengelassen. Da waren nur zwei Studenten drin, die haben sich nicht getraut, ein Wörtchen zu sagen.“
Sakowski hat ein besonderes Rezept: „Zwei Leute reichen völlig. Mit einem Motorrad, einer fährt, der andere handelt. Wenn wir auftauchen, geht alles blitzschnell – dicken Stein, rein in die Scheiben und dann nichts wie weg.“
Und dann fällt der Name einer Stadt – ich glaube, es war Lüneburg –, und beide lachen. Sie bemerken mein verdutztes Gesicht. Sakowski schlägt mit der flachen Hand auf den Tisch und grinst. „Da haben wir unseren neuesten Trick ausprobiert. Am besten ist es, wenn man Steine in Zeitungen der DKP einwickelt und dann beim KBW reinwirft. Die sind nämlich so blind und werfen in der nächsten Nacht die Scheiben der DKP postwendend ein. Da sparen wir uns die Arbeit.“
Auch sonst sind die beiden auf Maoisten gut zu sprechen. Fritz-Ulrich Bundt hat da seine eigenen Erfahrungen. „Mit den Leuten von der ‚KPD/ML‘ und der ‚KPD‘ kann man sich ganz gut unterhalten. Da gibt’s ja viele Gemeinsamkeiten, zum Beispiel die Forderung nach einem unabhängigen Deutschland und gegen die Russen.“
Und unter dem Siegel der Verschwiegenheit fügt er hinzu: „Es hat auch schon Übertritte gegeben von Maoisten zu uns, in Nordrhein-Westfalen und auch in Niedersachsen. Sogar ein Führungsmitglied namens Kirchmann, dessen Mutter heute noch in der maoistischen ‚Roten Hilfe‘ ist.“
Bundt prophezeit: „Wir und die Maoisten – da wird sich in den nächsten Jahren noch was tun!“
Wenige Monate später wird man in der Öffentlichkeit diese Gemeinsamkeiten merken. In Bonn und Hamburg demonstrieren

Fritz-Ulrich Bundt, stellv. Bundesvorsitzender der JN und Landesvorsitzender in Niedersachsen

Hans-J. Sakowski, Bundts rechte Hand und Landesvorstandsmitglied in Niedersachsen

Fritz-Ulrich Bundt dirigiert die Schlägertrupps der „Jungen Nationaldemokraten" in Göttingen

Neonazis und Maoisten unter denselben Transparenten gegen den Breshnew-Besuch in der Bundesrepublik. Zitat aus einem Flugblatt der Maoisten: „Ein Politiker wie Franz-Josef Strauß, der sich als Konservativer ansieht und ein Politiker der Bourgeoisie ist, aber die imperialistische Sowjetunion ablehnt, ist hundertmal fortschrittlicher als ein Möchtegern‚linker', der die Sowjetunion sozialistisch nennt und das positiv findet." Und während die maoistische „KPD" auf Plakaten in Form von Steckbriefen Breshnew suchen ließ, druckten die Jungen Nationaldemokraten auf ihren Aufklebern ihr Urteil: Über dem Breshnew-Kopf baumelte ein Strick.

„Hitler-Welle" – erste Ergebnisse

In den kalten Räumen des NPD-Landesbüros verschaffen sich meine beiden neuen „Freunde" mit Erfolgsmeldungen warme Herzen. „Neulich sind erst wieder zehn Leute zu uns nach Osnabrück gekommen. Zwischen 14 und 16 Jahren, sechs Mädchen, vier Jungen. Die waren von dem Film ‚Hitler – eine Karriere' so begeistert, daß sie sofort bei uns eingetreten sind."
Nicht unerheblich haben reaktionäre Parteien und Verbände von der sogenannten „Hitler-Welle" profitiert. Sie können wieder von „Leistungen und großen Taten" Adolf Hitlers reden, ohne gleich krumm angesehen zu werden. Es ist wieder gesellschaftsfähig geworden, „die auch guten Seiten des Führers" zu betrachten. Filme, Bücher und die unter dem Deckmantel der Dokumentation erschienenen Schriften „Das Dritte Reich" mit den ganzseitigen Farbfotos vom „Führer" haben es vollbracht.
Bundt und Sakowski wissen es zu würdigen: „Es wird zwar auch viel Quatsch veröffentlicht, aber viele Bücher und Filme zeigen auch die historische Wahrheit. Und das ist gut." Und was Hans-J. Sakowski unter „historischer Wahrheit" versteht, erfahre ich kurze Zeit später, als wir das ungemütliche Parteibüro mit einer gutbeheizten Pizzeria drei Häuser weiter gewechselt haben.
Zwischen „Pizza Salami" und Lambrusco verhöhnt Sakowski die Opfer des Faschismus:
„Das mit den KZs ist alles Quatsch. Judenvergasung und so. Damit wollte man doch nur Deutschland als Buhmann hinstellen." Bundt ergänzt: „Wenn überhaupt Leute umgekommen sind, dann nicht Millionen, wie die Alliierten sagen, sondern höchstens 300000.

Und das waren alles nur Juden."
Einen Büchertip hat man sofort bereit: „Du mußt mal von Christophersen ‚Die Auschwitz-Lüge' lesen. Da gehen dir die Augen auf."
Damit sollte er recht behalten, denn in den nächsten Wochen sollte ich die zweifelhafte Ehre haben, Neonazi Thies Christophersen auch noch persönlich kennenzulernen.
Sakowski weiß auch sämtliche Beweise für nazistische Verbrechen zu entkräften.
„Guck dir doch mal die Fotos von den angeblichen Opfern an. Da tauchen auf fast allen Fotos immer die gleichen Typen auf. Ich sage dir, alles nur Fotomontagen und gestellte Fotos. Da haben sie so ein paar verhungerte Krüppel mal vor einen Zaun gestellt und mal vor 'ne Wand und mal in freie Landschaft. Und dann heißt das Ganze: Millionen von KZ-Opfern im ganzen Land. Betrug weit und breit."
Ich bin hart im Nehmen, aber dennoch jetzt froh, mir nichts zu essen bestellt zu haben.
Etwas blaß frage ich, was mit Juden und Kommunisten passiert, wenn „wir" mal wieder am Ruder sind.
„Das kann man heute noch nicht absehen. Das wird sicherlich noch einige Jahre dauern und harten Kampf erfordern. Aber eines ist sicher: Die Erfahrungen von damals werden wir sicherlich mit einfließen lassen. Aber das braucht man ja erst mal nicht in der Öffentlichkeit rumerzählen. Unser Ruf ist nicht der beste. Das werden die dann noch früh genug merken."
Sakowski bereitet sich auf den Abmarsch vor. Er muß heute abend noch nach Celle zurück. Ich will vermeiden, daß man nach meiner Bleibe fragt.
„Ich mache auch 'ne Fliege. Die Zeit ist ganz schön schnell vergangen, fast 23 Uhr schon. Wie kann ich euch denn wieder erreichen?"
Bundt hat für alles gesorgt. Er holt eine abgeschnittene Karteikarte mit einem Stempelaufdruck aus seiner Brieftasche: „Fritz-Ulrich Bundt, Am Deich 115, Telefon 773, 2161 Großenwörden".
„Das ist meine Adresse zu Hause. Meist nur am Wochenende erreichbar. Und hier bin ich in Hamburg zu erreichen!"
Mit der Hand schreibt er dazu „Barnerstraße 7, bei Köster, 2000 Hamburg 50". Wir reichen uns die Hände.
„Ich komme bald mal vorbei!"
„Würde mich freuen!"
Die frische Abendluft tut mir gut. Das war harter Tobak heute

abend. Wenn schon in NPD-Reihen in schonungsloser Offenheit über Terroranschläge auf DKP-Büros geschwärmt wird und die Grauen des Faschismus verharmlost und verleugnet werden, was muß dann erst in den anderen Nazi-Banden getrieben werden. So enthüllend und informativ dieser Abend auch gewesen ist, meinem Ziel, Kontakt zu der Truppe des Michael Kühnen zu bekommen, war ich keinen Schritt nähergekommen. Über die NPD konnte ich den heißen Draht erst einmal nicht bekommen. Zumindest offiziell leugnete sie die Kontakte ab. Man mußte also anders an die Sache rangehen…

Bei „MUT“ nichts Neues

Christian hat mich mit seinem klapprigen VW-Käfer mitgenommen und in der Nähe des Bahnhofes Dammtor mit Erfolgswünschen rausgesetzt. An diesem Samstagnachmittag findet um 15 Uhr das Lesertreffen der neonazistischen Zeitschrift „MUT“ statt. Leser und Abonnenten aus Hamburg und Schleswig-Holstein sind eingeladen. Ein Treffen mit konspirativem Einschlag. In der Vorankündigung des Monatsmagazins hieß es nämlich:
„Aus organisatorischen Gründen ist es unerläßlich, daß sich jeder Teilnehmer (mit Freunden und Bekannten) bis zum 21. 11. 1977 beim MUT-Verlag, 2811 Asendorf, anmeldet. Erst nach der schriftlichen Anmeldung erhält jeder Teilnehmer die Adresse des Versammlungslokals und alle weiteren Unterlagen zugestellt.“
Ich hatte beim Stelldichein im NPD-Kreisverband Nord meine Ohren gespitzt und aufmerksam gelauscht, als sich zwei Reihen hinter mir Teilnehmer zum Lesertreffen verabredeten. MUT wird in NPD-Kreisen eifrig gelesen. Sie versteht sich selbst als überparteiliche, einigende Kraft unter Neonazis. Ob Wiking-Jugend, NPD oder „Der Stahlhelm“, MUT will den Wissensdrang junger und alter Nazis befriedigen.
„Sie brauche ich wohl nicht fragen, wohin Sie wollen.“
Ein älterer Mann spricht mich an, als ich zum Tagungslokal „Remter“ einbiegen will.
Irritiert frage ich nach dem Grund seiner Annahme.
„Na, wer unser Magazin so offen unterm Arm trägt!“
„Ach so.“ Ich halte die Novemberausgabe hoch. Die Titelseite

zeigt „die häßlichen Deutschen“ à la MUT: Wehner, Brandt, Grass und Böll.
Er kneift mir ein Auge zu: „Alles klar! Treppe runter und dann rechts.“
Knapp 60 vorwiegend ältere Leute haben sich im Versammlungsraum bei heißem Tee oder kaltem Bier niedergelassen. Auch Manuel Reguehly und zwei weitere Teilnehmer der letzten NPD-Veranstaltung darunter. Fünf jüngere Teilnehmer zähle ich und hocke mich in eine Ecke, von der ich den Raum gut überblicken kann. Wenig später eröffnet Bernhard Christian Wintzek die Veranstaltung. Der MUT-Herausgeber ist auch eifriger Verleger eigener Bücher, zum Beispiel „Unsere Väter waren keine Verbrecher“, ein Rechtfertigungswerk der Verbrechen des Faschismus. Wintzek umgibt sich gerne mit dem Flair des unparteiischen Nationalen und kandidierte in diesem Sinne 1972 auch für die NPD in Niedersachsen. Nach der Kappler-Entführung organisierte er eine „Entführungsfeier“ in Soltau, dem Aufenthaltsort des Kriegsverbrechers.

Selbstkritisch schätzt Wintzek die erfolglosen Aktivitäten der Rechten ein, fordert mehr Einigkeit und Geschlossenheit. Dann erhält der Bremer Diplomhandelslehrer Hans Hertel das Wort. Warnend erhebt er seine Stimme: „Die rote Volksfront ist im Anmarsch!“
Aber noch bevor SPD und FDP als „fünfte Kolonne der Weltrevolution“ unter der Leitung von Willy Brandt die Welt umgekrempelt haben, empfiehlt Möchtegern-Wissenschaftler Hertel, die Rettung des Abendlandes in seine Hand zu legen.

„In Erkenntnis dieser Lage haben Patrioten aus der CDU, dem ‚Stahlhelm‘, der NPD, der AVP (Aktion Vierte Partei), der DVU (Deutsche Volksunion), dem ‚Kulturwerk‘ und des BdV (Bund der Vertriebenen) am 14. Januar 1977 als ‚Gesamtdeutsche Aktion‘ eine Reichsgründungsfeier durchgeführt, die zu einem großen Erfolg wurde. Ich habe dort zur Bildung einer ‚Deutschen Volksfront‘ aufgerufen, die der roten Volksfront entgegentreten muß.“

Beim Ruf scheint es wohl geblieben zu sein, seine Thesen werden auch in diesem Kreis eher belächelt als ernst genommen.
Dafür wird es beim nächsten Referenten um so lebhafter.
Gerhard Opitz, Herausgeber der „national-politischen Studien“ und – wenn ich mich nicht verhört habe – ehemaliger SA-Chef von

Warschau, ist rhetorisch auf der Höhe und weiß auch mal ein Lächeln aus den Besuchern zu pressen.
Er besinnt sich an alte Zeiten, als er fordert, von den Kommunisten zu lernen: „Wir haben damals ihre Lieder umgeschrieben, wir haben Aufmärsche mit einem Meer von Fahnen organisiert – wir haben es den Roten abgeguckt. Manchmal mit Erfolg!"
Und er erzählt, wie sie als SA einen Marsch durch die Arbeiterviertel unternommen haben: „Man hat uns mit Blumen begrüßt und überschüttet..." Er stockt einen Moment und fährt dann gelassen fort: „...man hat allerdings die Töpfe drangelassen!"
Denkpause, Gelächter. Einige Alte lassen ihre Zahnlücken sehen, und hier und da prustet auch jemand: „Ja, das kenn ich." Dennoch zeigt sich Opitz optimistisch: „Aber der Tag wird kommen, wenn die Wehrmacht wieder durchs Brandenburger Tor marschieren wird."
Und dann wird Opitz ernst: „Es gibt hier und dort einige Freunde, die haben nicht begriffen, wo es langgeht. Die haben ihre Pistole 1945 nicht weggeworfen, sondern eingegraben. Und die meinen nun, sie müßten ab und zu ihren Kameraden das Ding zeigen. Erst jetzt ist wieder ein Kamerad hochgegangen, weil sie bei ihm eine Maschinenpistole gefunden haben. Kameraden, wo führt das hin. Das nutzt nur unserem Gegner und ist der größte Schwachsinn, den es gibt!"
Heftiger Applaus.
„Bei einem anderen hat man anderthalb Pfund Zyankali gefunden. Überlegt einmal, das reicht aus, Tausende Menschen zu töten, anderthalb Pfund. Mir kann einer sagen, was er will – das ist ihm vom Verfassungsschutz zugespielt worden, damit man eine Handhabe gegen die nationalen Kräfte hat."
Wieder Applaus.
Nachdem Opitz mit einem markigen Spruch seinen Beitrag beendet und Wintzek den „nicht unerheblichen Beitrag des Magazins MUT bei der Sammlung der nationalen Kräfte" erneut betont hat, ist Diskussion angesagt.
Diskussion ist übertrieben. Die Beiträge, die in der folgenden Stunde gehalten werden, sind eine wahre Pracht an Pseudowissenschaftlichkeit und barem Unsinn. Unter Wintzeks zunehmend düster werdender Miene versuchen sich Reaktionäre aller Schattierungen mit neuen Theorien zu profilieren. Ein hektischer Mittvierziger mit Hornbrille und Fahrradklammern an der Hose hat eine

neue Geldtheorie entdeckt und verteilt gezielt geheimnisvolle Handzettel mit seinen Thesen. Ein etwa Dreißigjähriger mit Seemannsbart und leichtem Sprachfehler entwirft eine Imperialismus-Theorie, die er wahrscheinlich selbst nicht verstanden hat. Ich habe aufgegeben, unter derlei Schwachsinn eine klare politische Linie zu ergründen, beschäftige mich mit meinem Camembert und dem dazugehörigen Salat und mustere die Besucher am Nebentisch. Während sich mein Gegenüber in sein frischerworbenes MUT-Buch „Die Lügen unserer Sozialdemokratie" einliest, verfolgt seine Frau mit offenem Mund die hektisch vorgetragene Rede eines Gebrauchtwagenhändlers, der sich – aus geschäftlichen Gründen? – mit der Geldtheorie seines Vorvorredners beschäftigt. Die nette Bedienung in unserem Tagungsraum tut mir leid. Sie steht fassungslos am Tresen und lauscht den Worten des Möchtegern-Theoretikers. Ab und zu schüttelt sie den Kopf und schaut sich die Gesellschaft an, die hier angetreten ist, die Bundesrepublik in die dreißiger Jahre zurückzuhieven.

Ich vermeide, ihren Blick zu streifen. Es ist mir peinlich, von ihr mit solchen Leuten hier in einen Topf geworfen zu werden. Aber was soll ich machen, ich kann ja nicht zu ihr hingehen und sagen: „Hör mal zu, meine Süße. Ich bin in Wirklichkeit nicht so ein verkappter Nazi. Mir gehen diese Knacker auch auf den Zwirn, ich bin dienstlich hier, laß uns tanzen gehen." Also finde ich mich mit meiner Nazirolle ab und ziehe mit der Hand meinen Scheitel nach.

Bernhard C. Wintzek strahlt nicht gerade Zufriedenheit und Optimismus aus, als er das Schlußwort ergreift. „Wir haben uns kennengelernt, und die Diskussion war nötig und nützlich. Ich hoffe, daß bald Freunde und Leser diese Art von Treffen selbst organisieren. Das war der Anfang. Wir haben – ich hatte es anfangs erwähnt – nicht die Kraft und das Geld, von Asendorf aus so etwas zu organisieren. Mit Referenten und Adressenmaterial stehen wir jederzeit zur Verfügung. Zum Abschluß darf ich Herrn Regehly bitten, uns ein Gedicht vorzutragen. Er hatte sich dazu bereit erklärt. In diesem Sinn: Herzlichen Dank für Ihr Kommen. Auf Wiedersehn."

Und dann steht er wieder da – Reformhausbesitzer Manuel Regehly –, und „der Wind schlägt wieder um".

Gänsehaut, Schlußapplaus.

Beim Rausgehen lächelt mich eine ältere Frau an. „Wollen Sie nicht auch noch ein paar Hefte mitnehmen."

Von links nach rechts: Ein MUT-Mitarbeiter, Udo Walendy, Hans Hertel, Bernhard C. Wintzek, am Rednerpult Bernd Dröse. Im Hintergrund die deutsche und die italienische Fahne.

Oben: Foto aus „MUT“ (Oktober 1977): Neonazis aus dem gesamten Bundesgebiet feiern am 25. 8. 1977 in Soltau die Entführung des Kriegsverbrechers Kappler aus italienischer Haft
Unten: „MUT“-Titel und Rückseite der Ausgabe November 1977

Ich zögere.
„Zum Verteilen!"
„Natürlich gerne!"
Sie packt mir eine Plastiktüte voll mit alten MUT-Heften. Sie werden später Christians Ofen fast eine halbe Stunde beschäftigen. Ich bedanke mich höflich, gelobe bestmöglichen Umgang mit den Heften und viele neue Abonnenten.
An der U-Bahn-Station Dammtor treffe ich zwei jüngere Besucher der Veranstaltung wieder.
„Wart ihr nicht auch auf der NPD-Versammlung in Nord?"
„Ja!"
„Ach ja, du bist doch der Student aus dem Ruhrgebiet?"
„Ja, genau!"
„Wir haben dich gar nicht erkannt."
„War heute nicht so gut, nicht wahr?" Einer der beiden verzieht das Gesicht und winkt ab.
„Nee, viel zuviel Theorie. Mit so alten Leuten kannst du nichts mehr auf die Beine stellen."
Neugierig erkundige ich mich nach weiteren Aktivitäten hier in Hamburg.
„Die Wiking-Jugend ist ziemlich stark hier in Hamburg, bei der JN ist nichts mehr los. Wir sind auch nur manchmal dabei. Mußt du dich mal an den Peer Reich wenden. Der ist Vorsitzender der JN hier."
Mit ihrer U-Bahn verschwindet auch meine Hoffnung, an diesem Abend mehr darüber zu erfahren, wo sich Hamburgs Jungnazis rumtreiben. Immerhin steht morgen etwas Abwechslungsreiches auf meinem Programm.

„Freundeskreis Filmkunst e. V."

Der Wecker schellt unerbittlich. Sonntag morgen, 8.30 Uhr. Im Bett ist es mollig warm. Mit halb zugekniffenen Augen sehe ich die Schneeflocken am Fenster vorbeitreiben. Warum ist nur diese scheiß Veranstaltung um 10.00 Uhr angesetzt? Warum nicht um 12.00 oder um 13.00 Uhr?

In der U-Bahn Richtung Mönckebergstraße bin ich dennoch nicht allein. In Hamburg scheinen Langschläfer rar zu sein. An den

Möller ist kurz angebunden, ich mache mich auf den Weg, meinen „alten Freund" Fritz-Ulrich Bundt zu besuchen.
Er wohnt nur wenige hundert Meter vom NPD-Landesbüro entfernt. In der Barnerstraße 7 schelle ich bei „Köster".
Eine alte Frau öffnet die Tür einen Spaltbreit.
„Ja, bitte?"
„Ich möchte zu Fritz-Ulrich!"
„Der ist nicht da. Er ist vor einer halben Stunde weggefahren."
„Wann ist er zurück?"
„Vielleicht in einer Stunde!"
Als ich nach einem umfassenden Spaziergang ihn immer noch nicht antreffe, lasse ich durch die alte Dame bestellen, daß ich am Mittwoch um 18.00 Uhr wiederkommen wolle.
Es ist schon fünf Minuten über die Zeit. Ich werde langsam nervös. Die ganze Sache heute abend ist mir ohnehin schon zu undurchsichtig. Bisher konnte ich meinen Freunden und Genossen in Hamburg und in der Redaktion genaue Mitteilungen über meinen Aufenthaltsort machen. Nun weiß ich nicht, was ab U-Bahn-Station Kellinghusen passieren wird. Fahren wir mit dem Auto oder mit der U-Bahn? Fahren wir zu jemand nach Hause? In eine Kneipe? Endlich kommt jemand, den ich vom Foto her kenne. Es ist Peer Reich, der Vorsitzende der JN in Hamburg. Der 20jährige ist gut mit den Schlägern der „Hansa"-Bande bekannt. Er war ebenfalls bei den Vorgängen am Curio-Haus im letzten Jahr beteiligt. Er bleibt in der Vorhalle stehen und blickt sich um. Was soll ich tun? Ich kenne ihn! Er kennt mich aber nicht! Ich bin mit Lars Möller verabredet! Was wird er denken, wenn ich ihn anspreche? Was sage ich, wenn er mich fragt, woher ich ihn kenne?
Ich bin ratlos und bleibe stehen. Vielleicht spricht er mich an, hat sich mein Aussehen beschreiben lassen. Oder Lars Möller kommt auch noch.
Doch Peer Reich dreht sich auf dem Absatz um und steigt die Treppen wieder zur U-Bahn-Station hoch.
Ich habe mich zu einer Entscheidung durchgerungen: Wenn er noch mal kommt, gehe ich auf ihn zu und sage ihm, ich kenne ihn vom NPD-Informationsstand her. Irgendwann wird er ja mal dort gewesen sein.
Doch er kommt nicht wieder.
Ein Fehlschlag nach dem nächsten. In der Kneipe „Zum Egerländer", die mir als Treffpunkt der Neonazis genannt wurde, bin ich

einziger Gast. Nichts deutet darauf hin, daß sich irgendwann einmal Neonazis getroffen haben. Am nächsten Abend der nächste Fehlschlag. Fritz-Ulrich Bundt ist nicht zu Hause. Nicht um 18.00 Uhr, nicht um 19.00 Uhr, nicht um 20.00 Uhr. Ich gehe mit meiner Hartnäckigkeit seiner Hauswirtin langsam auf den Geist. Doch sie läßt mich nicht rein, die Kette bleibt an der Tür. Es gibt nur einen Ausweg: Man muß ganz neu an die Sache rangehen.

Verdammt viel Glück!

Das letzte Wochenende im Februar. Ich mache Zwischenstation in Hamburg. Am Samstagabend war eine Wahlveranstaltung in Barmstedt im Kreis Pinneberg angesetzt. elan hatte mit einer Extraausgabe die Kandidaten unter die Lupe genommen und zu einer Podiumsdiskussion aufgerufen. Interesse war da – fast 100 Jugendliche hatten sich zur Veranstaltung mit anschließender Fete eingefunden, nur die Vertreter der Parteien, mit Ausnahme der DKP, hatten gekniffen. Ihr jugendfeindliches Verhalten sollte sich rächen. Die CDU verlor bei den Wahlen viele Stimmen, die DKP erhielt weit über zehn Prozent und zog mit zwei Kandidaten in den Rat der Stadt ein.
In der „Wolke“, einer gemütlichen Kneipe im Hamburger Stadtteil Eppendorf, treffe ich mich zu später Stunde mit einigen Hamburger Genossen. Und natürlich kommen wir auch auf die Aktivitäten neonazistischer Organisationen in Hamburg zu sprechen.
Christian hat von einer geplanten Veranstaltung am Sonntagmorgen gehört. Ich winke ab.
„Nachher ist es eine Ente, und ich bin wieder so früh umsonst aufgestanden. Du kannst ja hinfahren, und wenn an diesem Gerücht wirklich etwas dran ist, rufe kurz an.“
Es war etwas dran. Kurz vor 10.00 Uhr klingelt das Telefon. „Hier ist der Teufel los. Im ‚Lindenpark‘ haben sich ein paar Dutzend Nazis versammelt. Und es werden noch mehr. Aber ein paar hundert Freunde haben das Gelände abgeriegelt. Mehrere Hundertschaften Polizei sind angerückt. Schmeiß dich in die Klamotten und komme her. Laß dir von Birgit erklären, wie du hier hinkommst.“
Zwanzig Minuten später bin ich am Ort des Geschehens. Die Polizei hat von beiden Straßenseiten die Zugänge zur Gaststätte an der Luruper Hauptstraße abgeriegelt. An beiden Seiten davor ei-

nige hundert Antifaschisten. In gehörigem Abstand ein Dutzend schwarzgekleideter junger Leute, Neonazis. Ich stehe dazwischen. Teilnahmslos schlendere ich zu den Demonstranten und sehe mir die Örtlichkeiten an. Mit meinem schwarzen Mantel, meiner schwarzen Hose und verhältnismäßig kurzem Haarschnitt passe ich nicht gerade zu den meistens langhaarigen, mit Parka und Jeans gekleideten Demonstranten.

Es sind Studenten, Lehrlinge, junge Arbeiter und Schüler, die zwar nicht am eigenen Leibe den Faschismus spüren mußten, aber wissen, daß sie den Faschisten keinen Fußbreit Boden überlassen dürfen. Sie wissen aus den Erzählungen ihrer Eltern, ihrer Verwandten und Bekannten, wie grausam Faschisten wüten, wenn sie erst mal am Ruder sind.

Einige tragen Motorradhelme. Sie wissen aus eigener, manchmal blutiger Erfahrung, daß man sich den überfallartigen Angriffen der Nazi-Banden nicht schutzlos entgegenstellen kann.

Zwei scheinbar unüberwindbare Schwierigkeiten drohen mein Vorhaben, an der Nazi-Veranstaltung teilzunehmen, zunichte zu machen. Wie soll ich die geschlossene Kette der Demonstranten überwinden, ohne meine wahre Identität preiszugeben?

Wie soll ich in die Gaststätte reinkommen, die man nur mit einer ausdrücklichen Einladungskarte betreten darf?

Der Trupp Neonazis hat sich gesammelt. 14 dunkle Gestalten, deren Anblick einem schon Angst und Schrecken einjagt. Das sind sie, die Aktivisten der „Aktionsfront Nationaler Sozialisten“, wie ich sie vom Foto her kenne: Unter ihnen Uwe Rohwer, mit Schnurrbart und Helm – verblüffende Ähnlichkeit mit Karl-Heinz Hoffmann. Rohwer ist Mitglied des NPD-Kreisvorstandes in Schleswig, Leiter des „Referats für Jugend“ bei der neonazistischen Organisation „Stahlhelm“ und Ausbilder auf dem ihm eigenen „Wiking-Hof“ in Dörpstedt, auf dem Mitglieder der Wiking-Jugend, der JN und der „Aktionsfront“ „wehrsportlich“ trainiert werden.

Rohwer hat die Gruppe um sich versammelt. Es wird diskutiert. Es bahnt sich etwas an.

Gerade wird eine ältere Frau mit ihrem Mann von den Demonstranten zurückgewiesen. „Gehen Sie nach Hause, hier spielt sich heute nichts ab für Sie!“

Schimpfend zieht sie mit ihrem Mann dahin.

Ich erkenne eine Chance.

„Entschuldigen Sie bitte. Sie wollten doch auch in die Veranstaltung?“
„Ja, warum?“
„Ich bin auch eingeladen. Mir ist es sogar gelungen, an den Demonstranten vorbeizukommen. Allerdings läßt die Polizei keinen durch, der nicht die Einladung hat. Und da Sie nicht durchkommen, dachte ich mir, daß Sie mir Ihre Einladungskarte geben. Ich habe meine dummerweise vergessen.“
Dabei versuche ich so freundlich, „national“ und „deutsch“ zu gucken, wie es geht. Mit Erfolg.
Doch die Frau hat eine Bedingung: „Bestellen Sie doch, bitte schön, dem Herrn Hoffmann schöne Grüße – von Dr. Stäglich und seiner Frau.“
Ich verspreche es.
Jetzt begreife ich auch, warum vorhin von Hoffmann gemunkelt wurde. Die „Bürger- und Bauerninitiative e. V.“ des ehemaligen SS-Sonderführers Thies Christophersen hat den prominenten „Wehrsportführer“ Karl-Heinz Hoffmann eingeladen. Er sollte zum Thema „Warum Wehrsport“ referieren.
Plötzlich tut sich was in dem Pulk der Neonazis. Er kommt in Bewegung. In einer Reihe marschieren sie auf die Kette der Demonstranten zu. Und dann geht alles sehr schnell. Es kommt zu einem kurzen, aber festen Schlagabtausch; Hundegebell, und dann nur noch das Aufschlagen der Polizei-Gummiknüppel. Auf welcher Seite, macht sie unmißverständlich und brutal klar: Sie prügelt den Neonazis den Weg zur Gaststätte frei. Das erscheint sogar einem Polizeihund zu viel. Er beißt einem Kumpan von Rohwer in den Arm, so daß der im Krankenhaus verarztet werden muß und erst am Nachmittag im Lokal eintreffen kann.
Ich habe die allgemeine Unruhe genutzt und mich zur Polizeiabsperrung durchgearbeitet. Gerade will ich mich bücken und unter der Absperrung durchflutschen, da höre ich eine leise, aber bestimmte Anordnung: „Nicht den!“
Im Umdrehen sehe ich, wie Christian zwei SDAJler im letzten Moment abhalten kann, mich zu packen und bestimmt höchst unsanft zu entfernen. Später erzählt er, daß ich einigen Leuten schon eine ganze Zeit lang im Auge war und als Nazi verdächtigt wurde. Die Genossen der SDAJ hatten abgemacht, sofort einzugreifen, wenn ich die Absperrung übertreten wolle. Glück für mich, daß Christian Augen und Ohren offen hatte.

Ungehindert passiere ich zwei Polizisten und betrete mit der Einladung in der Hand das Lokal.
Im Versammlungsraum beginnt im selben Augenblick mit fast zweistündiger Verspätung die Veranstaltung mit einer Begrüßung von Thies Christophersen. Ich nehme in einer der letzten Reihen Platz. Mehr als dreißig Leute sind noch nicht anwesend, der Saal füllt sich erst auf 80 Personen an, als zwei Stunden später die Demonstranten abziehen und eine Kundgebung durchführen.
Thies Christophersen ist kein Unbekannter. Der Verfasser des mittlerweile beschlagnahmten Buches „Die Auschwitz-Lüge" steht im dringenden Verdacht, als SS-Sonderführer im Nebenlager Raisko des KZ Auschwitz an ‚Verbrechen gegen die Menschheit' beteiligt zu sein. Eine polnische Kommission für die Untersuchung von Naziverbrechen hatte bereits 1974 belastendes Material an die Staatsanwaltschaft Frankfurt weitergeleitet, ohne daß die bisher tätig geworden ist.
Christophersen gehörte verschiedenen Parteien, von der CDU bis zur NPD, an, organisierte mehrere Faschistentreffen, unter anderem das bekannte Nazi-Treffen mit dem Chef der „NSDAP/AO" aus den USA, Gary Rex Lauck, im „Haus des Sports", und gilt als einer der prominentesten und einflußreichsten Neonazis in der Bundesrepublik.
Er verfaßt Pamphlete, die er in seiner Zeitschrift „Die Bauernschaft" veröffentlicht. Überschrift: „Ich bin kein Demokrat" oder „Ich bin ein Rassist – ein Bekenntnis". In diesem Tenor ist auch heute seine Eröffnungsrede. Dann übergibt er das Wort Karl-Heinz Hoffmann.

Stunk im Haus

Hoffmann weiß sich in Gestik und Rhetorik als bekannter rechter Publikumsliebling zu verkaufen. Hitler-Fan Hoffmann („Mir imponierte die Figur Adolf Hitlers. Wie er's machte. Wie er's schaffte. Mit Sicherheit war er kein Irrer, sondern ein genialer Mensch") gibt sich heute äußerst unpolitisch, meidet jede Aussage, die seinen Standort in der politischen Rechten deutlich macht. Er berichtet von seinen paramilitärischen Übungen, von den Auseinandersetzungen mit der Polizei, über die Gebote, auf seinen Veranstaltungen keine Uniform und keine Waffe zu tragen. Er sagt es vorsichtig,

Oben: Sonntag, 26. 2. 1978. Edgar Geiss und Frau, Erwin Schönborn und Mitglieder der „Aktionsfront Nationaler Sozialisten (ANS)“ drängen die Polizei auf Knüppeleinsatz gegen Antifaschisten
Unten: Das Foto ging um die Welt. ANS-Mitglied Edgar Geiss bei der Beisetzung des Kriegsverbrechers Kappler

Sonntag, 26. 2. 1978: Führungsleute der NSDAP-Tarnorganisation „Aktionsfront Nationaler Sozialisten“: Peter Teuffert (links), Michael David (Mitte) und Frank Stubbemann

Sonntag, 26. Februar 1978: Mitglieder und Sympathisanten der ANS auf dem Weg zur Naziveranstaltung. Unter ihnen: Uwe Rohwer (1), Hans Kötter (2), Thomas Bons (3), Peter Teuffert (4), Michael David (5) und Frank Stubbemann (6)

26. 2. 1978: Terrorist Karl-Heinz Hoffmann (neuerdings mit Vollbart) im Einsatz. Antifaschisten werden fotografiert. Sie kommen auf eine Liste für den „Tag X“

gut formuliert, aber bestimmt, in eine bestimmte Richtung: „Wir wollen doch den Herren vom Verfassungsschutz keine Gelegenheit bieten, diese Veranstaltung zu schließen. Legen Sie doch bitte Ihre Fahrtenmesser beiseite, beziehungsweise geben Sie sie bitte an der Garderobe ab.“

Die drei Angesprochenen reagieren auf ihre Weise. Frank Stubbemann und zwei weitere Mitglieder der „Aktionsfront“ (ANS) springen von ihren Stühlen auf: „Das kommt überhaupt nicht in Frage!“ Sie verlassen den Raum.

Der untersetzte Kieler Student Stubbemann erinnert mich schon die ganze Zeit an Hermann Göring. Die SA-ähnlichen Reiterhosen, die Reiterstiefel, sein langes Fahrtenmesser, das Funkeln in seinen Augen. Er ist ein halbes Jahrhundert zu spät geboren, dennoch eifrig bemüht, Entgangenes nachzuholen.

Von der Jungen Union trat er zu den Jungen Nationaldemokraten über und konnte sich zum stellvertretenden Landesvorsitzenden in Schleswig-Holstein hocharbeiten. Im Oktober wurde die Polizei aufgrund mehrerer Hinweise in seiner Wohnung fündig. Sie stellte 670 Gramm Natriumcyanid aus einem Diebstahl sicher. Eine Menge, die ausreichen würde, Tausende Menschen zu vergiften. Das Gericht billigte ihm mildernde Umstände zu, er kam mit einer Geldstrafe davon. Der ANS-Aufbaubeauftragte in Kiel ließ nicht locker. Während diese Zeilen geschrieben werden, sitzt Stubbemann im Knast. Vor wenigen Wochen wurde er bei der aktiven Vorbereitung eines Sprengstoffattentates auf ein Kieler DKP-Büro ertappt.

Hoffmann entschuldigt sich bei den Anwesenden für seine Anordnung. „Ich hoffe, Sie haben Verständnis für diese Maßnahme. Ich wollte diese Herren nicht brüskieren.“

Während Hoffmann den aufmerksam lauschenden Gesinnungsfreunden seine Heldentaten erzählt, betrachte ich mir die Anwesenden genauer. Da ist – von Christophersen als besonderer Gast vorgestellt – Erwin Schönborn, der mehrfach vorbestrafte erste Vorsitzende des „Kampfbundes Deutscher Soldaten“. Er ist zugleich Aktivist der „Aktionsgemeinschaft Nationales Europa“, die zu den Europawahlen kandidieren will und als Spitzenkandidat den seit 1945 inhaftierten Kriegsverbrecher Rudolf Heß, Hitlers Stellvertreter, nominiert hat. 1976 gründete er eine „Wählerinitiative Wählt NPD“ und versuchte mehrmals vergeblich, einen „Auschwitz-Kongreß“ auf die Beine zu stellen, auf dem „bewie-

sen“ werden sollte, daß es keine Judenvergasungen im „Dritten Reich“ gegeben hat. Schönborn zeichnet verantwortlich für Flugblätter und Plakate mit dem Inhalt: „10 000 DM Belohnung zahlen wir für jede einwandfrei nachgewiesene ‚Vergasung‘ in einer ‚Gaskammer‘ eines deutschen KZs. Wir akzeptieren keine KZ-Zeugen aus Polen, Israel oder den USA, die, wie in den NS-Prozessen, Meineide geschworen haben, ohne dafür belangt werden zu können. Wir benötigen: Name, Vorname, Wohnort, Geburtstag, Geburtsort, wo verhaftet, in welches KZ eingeliefert und in welchem KZ ‚vergast‘“.
Schönborn hat engen Kontakt zur ANS und ist mit Michael Kühnen gut bekannt. Am Tag zuvor war er auf einer Pressekonferenz der ANS aufgetreten und hatte nochmals seine „Vergasungslüge“ unterstrichen.

Strauß ist dabei

Wie ich später der antifaschistischen Wochenzeitung „die tat“ entnehmen kann, pflegte Schönborn über Mittelsmänner auch Kontakt zu bundesdeutschen Politikern, deren Sympathie für ganz rechtsaußen allerdings nicht neu ist.
Äußerst interessant und aufschlußreich, was dort zu lesen ist: „Im Jahre 1975 gründete der Altfaschist Schönborn im städtischen Saalbau Essen den ‚Kampfbund Deutscher Soldaten‘ (KDS). Schönborn damals: ‚Wir sind Nationalsozialisten gewesen, wir bleiben Nationalsozialisten.‘ Am Totensonntag, dem 21. November 1976, fand sich Schönborn am Grabe eines ‚Kameraden‘ ein und gedachte des Mitbegründers des KDS, Dr. Eberhart Taubert(!), der zu früh von ihnen gegangen sei. ‚Ihre Ehre war die Treue!‘“ heißt es da. Nun, wer war Dr. Eberhart Taubert? Bernt Engelmann schreibt in seinem „Schwarzbuch: Strauß, Kohl und Co.“: „Taubert, Eberhart, Dr. jur., Ministerialrat a. D., Leiter der Rechtsabteilung der Pegulan AG, Frankenthal/Pfalz“, „Eberhart Taubert, Mitglied der NSDAP... gehörte zu den engsten Mitarbeitern des damaligen Gauleiters Dr. Josef Goebbels... Taubert... SA-Sturmführer... In den folgenden Jahren... verantwortlich für die sogenannte ‚Aktionspropaganda gegen Juden‘... Von 1942 an Ministerialrat... im Goebbels-Ministerium... Leitung... Generalreferat Ostraum... Nach dem Zusammenbruch der Naziherr-

schaft konnte Dr. Taubert ins neutrale Ausland flüchten... dann in Bonn als Berater des damaligen Verteidigungsministers Strauß, in Fragen der ‚psychologischen Kriegsführung'... ...Taubert... inzwischen Leiter der Pegulan-Rechtsabteilung und des persönlichen Büros von Konsul Dr. Fritz Ries... führte... 1970/1972 politisch bedeutsame Gespräche mit Franz-Josef Strauß und anderen Unionspolitikern..."

Nun, da war die Verbindung wieder zwischen Franz-Josef Strauß und den neonazistischen Gruppen. Kein Wunder, daß der Saubermann aus dem Bayerischen Wald in diesen Kreisen viele Sympathien genießt.

Am Nebentisch sitzt Renate Schütte, profilierte ultrarechte Dichterin und Verfasserin des mir bereits mehrfach unangenehm aufgefallenen „Der Wind schlägt um". Nun lerne ich die Autorin des Stückes, das mich seit Wochen verfolgt, endlich persönlich kennen. Sie hat allerdings noch eine Reihe anderer Stücke auf Lager, aus denen die Nazi-Ideologie nur so trieft.

Eine „Bekannte" des MUT-Lesertreffens sehe ich ebenfalls. Sie entpuppt sich als gute Freundin der Familie Roeder und fordert zu verstärkter Hilfe für die Frau und die Kinder auf. Manfred Roeder ist flüchtig. Der Chef der „Deutschen Bürgerinitiative" wurde wegen Volksverhetzung zu sechs Monaten Gefängnis verurteilt. Anfang der siebziger Jahre hat er sich als radikaler Saubermann einen Namen gemacht. Er randalierte mit Farbbeuteln 1970 auf der ersten westdeutschen Sexmesse, ging mit Buttersäure gegen Sex-Läden vor, überfiel einige Kioske, wo nackter Busen auf Illustrierten-Titelbildern gezeigt wurde, und näherte sich von dieser Flanke neonazistischen und antisemitischen Organisationen. Sein „Anti-Porno"-Kreuzzug, begleitet mit zügelloser antikommunistischer Hetze, fand insbesondere in Christophersens Rundbriefen „Die Bauernschaft" starke Beachtung. Ihre Masche: Die Sex-Welle ist nichts weiter als ein Instrument der Machteroberung durch die Kommunisten.

Eine Reihe selbsterdichteter angeblicher „Zitate" dient als spektakulärer Beweis:

„Interessiere die Jugend am Sex, und ihr bekommt sie in die Hand" – Lenin.

Ein etwa 50jähriger Mann mit Hitlerbärtchen kommt mir bekannt vor. Wenig später erkenne ich ihn in einer Zeitung wieder. Es ist Edgar Geiss, Mitglied der „Deutschen Bürgerinitiative" und der

ANS. Sein Foto ging durch die Weltpresse, als er am Grabe Kapplers Mitte Februar die Hand zum „Heil Hitler“ hob.
Ein richtiges Prominententreffen ist es heute hier geworden. Davon hätte ich heute morgen noch nicht geträumt. Genau jetzt merke ich, wie ich mit der Silberkette, die ich hin und wieder um den Hals trage, spiele. Alles nicht so tragisch, wenn daran nicht ein Anhänger mit einer Friedenstaube befestigt wäre. Meine Hand zuckt zusammen. Vorsichtig blicke ich nach beiden Seiten. Niemand scheint etwas bemerkt zu haben. Verstohlen schiebe ich die Kette unter das Hemd, knöpfe zur Sicherheit den obersten Knopf zu. Das darf mir nicht noch einmal passieren. Solche Unachtsamkeit kann unter Umständen meiner Gesundheit schaden. Spitzel sind in Nazikreisen nicht beliebt.
Hoffmann hat unter starkem Beifall seine Ausführungen beendet. Noch bevor er sich setzen kann, zerspringt eine Scheibe mit lautem Klirr, und ein handgroßer Stein rollt vor seine Füße.
Draußen formiert sich ein Demonstrationszug.
„Sehen Sie, meine Damen und Herren“, Christophersen streicht mit der Hand über seine Halbglatze, „auch die Roten machen jetzt Mittagspause.“
Erbsensuppe wird aufgetischt. Beim gemeinsamen Löffeln komme ich mit Peter Teuffert, Michael David und Christian Worch von der ANS ins Gespräch.
Christian Worch nimmt es mit der Begrüßung sehr genau.
Er steht kurz auf, reicht mir die Hand und stellt sich als „Jürgen“ vor.
Die Vornamensgleichheit irritiert mich.
„Ich auch!“
Im selben Augenblick merke ich, daß ich einen Fehler gemacht habe. Keine fünf Minuten vorher hatte ich mich Michael David gegenüber als „Gerhard“ vorgestellt, so wie ich es geplant und zusammen mit anderen Änderungen in Personalfragen geübt hatte.
Verflucht. Ich fange an zu stottern:
„Also richtiggenommen, Gerhard –, Jürgen Gerhard!“
Meine Gesprächspartner haben von der kleinen Unstimmigkeit keine Notiz genommen, doch mir ist das Blut in den Kopf gestiegen. Das ist bereits das zweite Mal an diesem Tag, daß etwas nicht geklappt hat. Ich muß mich noch stärker konzentrieren.
Wir spötteln, was die „Roten“ wohl jetzt essen werden. „Bestimmt rote Grütze!“

Manfred Roeder, Chef der neonazistischen „Deutschen Bürgerinitiative". Wegen Volksverhetzung zu 6 Monaten Gefängnis verurteilt. Seit Monaten flüchtig!

Erwin Schönborn, Vorsitzender des neonazistischen „Kampfbundes Deutscher Soldaten", vor dem ANS-Treffpunkt „Zum Egerländer"

Christian Worch strahlt: „Denen müßte man Zyankali in ihren Eintopf tun, dann wäre die rote Brut mit einem Schlag dahin."
Munteres Kopfnicken allerseits.
Doch in Anbetracht der Gegenwart von Gift-Besitzer Frank Stubbemann mehr als nur ein böser Scherz.
Nach dem Essen komme ich mit Michael David näher ins Gespräch. Auch über die ANS.
„Kann ich denn da nicht mal vorbeikommen. Würd mich stark interessieren!"
„Gerne."
„Wo und wann trefft ihr euch denn?"
„Jeden Freitag, um 18.30 Uhr im Egerländer. Das ist ein Lokal in der Nähe vom Hauptbahnhof."
„Geht in Ordnung. Ich komme bestimmt!"

Die Wiking-Jugend

Die beiden Mißgeschicke von Nachmittag lassen mich nicht schlafen. Es hätte auch anders ausgehen können – Neonazis sind für ihre Brutalität bekannt.
Das Beispiel meiner Berufskollegen Rolf Bringmann und Dirk Gerhard geht mir durch den Kopf. Beide hatten im vergangenen Jahr für „Monitor" eine Reportage über neonazistische Organisationen gemacht. Als sie ein Lager der Wiking-Jugend heimlich filmen wollten, hätte es sie vielleicht ihr Leben kosten können. Aufgestachelt durch einen Führer hatten Wiking-Mitglieder mit Knüppeln auf sie eingeschlagen, bis sie nach rasanter Verfolgungsjagd entkommen konnten.
Zuvor hatten sie sich unerkannt einige Tage in deren Sommerlager in Anschau in der Eifel aufgehalten. Was sie in den „22 Tagen volkstreuer Jugend" erlebten, hatte Dirk Gerhard in einem elan-Artikel spannend geschildert:
„Wir sahen Kinder, die in Betonröhren hockten und sich mit Stökken bewarfen, die Handgranaten darstellten. Andere Kinder spielten ‚den gegnerischen Graben stürmen'. Eine Sechsjährige bekundete freimütig: ‚Wir üben für den Krieg.' Wir erlebten, wie eine Gruppe kleinerer Mädchen, die angefangen hatten, ein Liedchen zu trällern, angeherrscht wurde: ‚Lied aus!' Und verschüchtert schwiegen die Kleinen. Im ganzen Lager herrschte militärischer

Drill – auch für die Kleinsten. Brutalität von Jugend an formt die Mitglieder der Wiking-Jugend. Bei einem Boxkampf, der in einem Zelt abgehalten wurde, konnte es einem schlecht werden. Ein wesentlich größerer Junge prügelte unter dem Gejohle der erwachsenen Wikinger einen wesentlich kleineren. Obgleich der Kleine mehrmals zu Boden ging, zwangen die Wiking-Führer ihn immer wieder, sich gegen den Großen zu stellen. Da half ihm auch kein Nasenbluten. ‚Gelobt sei, was hart macht' war die Devise.

Andere Jugendliche bekamen eine paramilitärische Ausbildung verpaßt: Sie mußten wie Einzelkämpfer der Bundeswehr an Seilen von Baum zu Baum hangeln – in einer Höhe von mehreren Metern. Wieder andere mußten robben, und alle, Jungen wie Mädchen, wurden zu Schießübungen abbefohlen. Man benutzte dazu den Schießstand des örtlichen Schützenvereins. Nachts hallte einige Male der Stechschritt der Wikinger durchs Dorf. Viele Einwohner, die bei den Appellen empört ‚Sieg Heil' riefen, wurden allmählich eingeschüchtert. Als ich Wochen später Einwohner des Dorfes befragen wollte, trauten sie sich nicht vor unsere Kameras, weil – so formulierte es einer – ‚die mir sonst das Dach überm Kopf' anzünden.

Das militante Auftreten zeigte seine ersten Wirkungen. Über Nacht war über das friedliche Dorf die Erinnerung an den faschistischen Terror der Vergangenheit wieder hereingebrochen.

Im Lager erlebten wir, daß die Angst der Bewohner nicht übertrieben war. Etwa gegen 20.30 Uhr wurde im Nachtlager an der Elz der Holzstoß entzündet. Mit fortschreitender Zeit verloren die Wikinger ihre Hemmungen uns gegenüber. Sang man anfangs noch unverfängliche Fahrtenlieder, so begann man jetzt allmählich, das eigentliche Liedgut zu offenbaren. Die Jugendlichen sangen die NS-Propagandaschnulze vom ‚Fallschirmspringer auf Kreta', der noch im Tode an seine Liebste in der Heimat dachte.

Im Zusammenhang mit diesem Lied bekannten sich die jungen Wikinger zu ihrem ‚Führer Adolf Hitler', der ihnen jetzt vom Himmel aus zuschaue, sie schworen sich gegenseitige Treue und wollten für die Ziele des Führers kämpfen und sterben. Bald tönte es auch schon ‚Laßt die Fahrtenmesser blitzen und die Sozischweine flitzen', oder man skandierte ‚Blut muß fließen knüppeldick, wir scheißen auf die Freiheit der Sowjetrepublik'. Einige variierten: ‚Wir scheißen auf die Freiheit der Bundesrepublik.' Solche und ähnliche Sprüche gingen besonders auf das Konto des Führers

der ‚Nationalen Deutschen Befreiungsbewegung‘, eines Mannes namens Roland Tabbert.
Roland Tabbert peitschte die Gemüter der Jugendlichen mit Sprüchen auf: Alle Vaterlandsverräter wie Willy Brandt gehörten an die Wand gestellt. Und im Laufe der Nacht folgte dann auch noch die Aufforderung, nach Jerusalem zu fahren, um dort die Juden zu vergasen, die man damals vergessen habe.
Inzwischen war die Zahl der Lagerteilnehmer auf etwa 350 Personen gestiegen.
Der große Pfingstappell auf der Wiese neben der ehemaligen Zwergschule begann mit Trommelwirbel, Fanfarenstößen und Flaggenhissen. Der ‚Bundesführer‘ der Wiking-Jugend, der Ingenieur Wolfgang Narath aus Stolberg, hielt eine Ansprache. Er wandte sich gegen den heutigen ‚Zeitgeist‘, den ‚Werteabbau‘, er wetterte gegen die ‚Lüge der Kriegsschuld‘, dann verkündete er noch, daß die Wiking-Jugend gegen ‚Hasch‘ ist und für die ‚Ordnung‘, und forderte die Jugendlichen auf, ‚sauber zu bleiben‘ und ‚Treue zu halten‘. Am Schluß der Rede ertönte ein zackiges dreifaches ‚Nordland Heil‘.
Dieter und ich standen wie die letzten Goten versteinert in der ehrfürchtigen Menge. So platt und billig hatten wir uns die Phraseologie des ‚Bundesführers‘ nicht vorgestellt. Und als ich die jungen Wikinger wie in Bann geschlagen dastehen sah, da beschlich mich ein beklemmendes Gefühl. Sie schienen durch die ewige Dressur und den ungeheuren militärischen Zwang seelisch völlig verkrüppelt zu sein. Dieses dumme Gerede des ‚Bundesführers‘ hätte normalerweise zu Pfiffen oder Gelächter animiert. Hier aber standen getreue Vasallen und obrigkeitshörige Untertanen. Nur zu gehorchen hatten sie gelernt, nie selber zu denken; arme Kreaturen, abgerichtet wie scharfe Schäferhunde, bereit, jederzeit für ihre ‚Herren‘ über die vermeintlichen Feinde auf Befehl herzufallen.“
Und daß sie das konnten, stellten sie einige Stunden später unter Beweis. Und Hamburger Neonazis sind dabei nicht zimperlicher. Sie haben die Schule der JN, der Wiking-Jugend und der „Wehrsportgruppe“ durchlaufen.

Treffpunkt „Egerländer“

Meine Freunde Christian und Michael haben mich am Hauptbahnhof abgesetzt. Sie werden in sicherer Distanz vor dem „Egerlän-

der“ parken und die Augen offenhalten. Der Fotoapparat liegt griffbereit, ein Zettel mit Telefonnummern daneben, um im Notfall schnell viele starke Leute zu mobilisieren.
Die Gegend ist etwas unpassend für ein Faschistenlokal. „Anti-Porno“-Roeder hat sicherlich kein Verständnis dafür, daß sich die ANS in einem der Hamburger Vergnügungsviertel, zwischen Sex-shops, Stripteaselokalen und in gewerbeüblicher Pose lauernden „Damen“ trifft. Eine kleine Steintreppe führt ins Lokal. An der Theke stehen zwei der besagten „Damen“ samt Anhang, und mitten darin Michael David.
Er überlegt kurz, doch dann begrüßt er mich äußerst herzlich. „Toll, daß du gekommen bist!“
Dann geht die Tür auf und eine Horde schwarz gekleideter ANSler kommt ins Lokal, Michael Kühnen ist mit von der Partie.
Doch es sieht nach Aufbruch aus. Es wird organisiert, eingeteilt, weggetreten.
Michael David erklärt mir: „Wie fahren heute abend zu einem großen Flamentreffen nach Belgien. Da kommen Freunde aus allen Ländern hin. Ich mache Stallwache hier. Einer muß es ja machen. Außerdem kommt meine Freundin aus Hannover heute abend. Und da kannst du dir ja vorstellen, daß wir etwas anderes machen wollen.“
Er zwinkert mit den Augen, und ich verstehe.
„Willst du nicht mitfahren?“
„Heute nicht. Bin ich nicht drauf vorbereitet!“
Und das stimmt zweifellos. Sämtliche Papiere, die mich an der Grenze ausweisen könnten, hatte ich aus Sicherheitsgründen nicht dabei. Außerdem hätte ich Christian nicht mehr informieren können, und der hätte sich alles mögliche gedacht, wenn ich plötzlich Richtung Belgien abgedampft wäre.
Die Truppe ist auf zehn Leute angewachsen. Michael Kühnen gibt das Zeichen zum Aufbruch und erinnert Michael David: „Wenn die Kieler kommen, sag ihnen, wir fahren über Holland. Sonst nehmen die uns an der Grenze hoch.“
David ruft ihm hinterher: „Und bring mir einen toten Kommunisten mit!“ Gelächter. David spendiert ein Bier und kommt unverblümt zur Sache.
„Wir haben hier in Hamburg ungefähr 30 feste Mitglieder und ebenso viele Sympathisanten. Wir kennen uns alle aus der JN oder der Wiking-Jugend. Einige sind immer noch da drin, sie spielen so-

zusagen Durchlauferhitzer. Was in die JN geht, wird nahezu vollständig zu uns weitergeleitet. Kein Wunder, die JN in Hamburg liegt auf dem Boden und kommt mit dem Arsch nicht hoch. Ein Laberhaufen ist das, bei uns ist wenigstens Aktion. Mit alten NPDlern verstehen wir uns gut. Wenn wir auf deren Veranstaltungen anrücken, lassen viele hinter dem Rücken uns manchen Zwanzig- oder Fünfzigmarkschein zustecken."
„Aber die NPD grenzt sich doch ab von euch..."
„Ach ja, abgrenzen hin und her. Wichtig ist doch, was die Wirklichkeit zeigt. Die Führung der JN, die kennen wir doch persönlich. Damals bei der Rudel-Veranstaltung haben wir gemeinsam die Roten verprügelt, in Osnabrück auf dem Bundeskongreß der JN – wer hat da für Ordnung gesorgt: Wir!"
„Ich habe neulich mit Fritz-Ulrich Bundt gesprochen, und der meint, ihr seid alles Spinner."
„Das muß der Bundt gerade sagen. Den kennen wir gut. Der macht jetzt Karriere in der NPD. Aber im Vertrauen: Vor einigen Jahren war der selbst noch Anleiter der NSDAP/AO in Schleswig-Holstein." Mein „Aha" ist nicht einmal gekünstelt. Deshalb war Bundt vor wenigen Wochen das Thema ANS so unbequem. Der Kerl kam selbst aus dieser Richtung. Oder kommt noch. Nicht auszuschließen, daß er einen Auftrag hat, in der NPD zu arbeiten.
Michael David, ehemals Mitglied des Landesvorstandes der JN in Hamburg, fühlt sich in seiner heutigen Rolle als Stellvertreter Kühnens sichtlich wohl. Eitelkeit, Ehrgeiz und ein gehöriger Schuß Alkohol machen ihm in dieser Stunde die Zunge leicht. Meine stille Aufmerksamkeit, gezielte, aber höfliche Fragen, und mein mehrfach bekundeter Wunsch, meine ganze Kraft in die Hände der Organisation zu legen, veranlaßt ihn, mehr und mehr zu plaudern:
„Selbst bei der Jungen Union haben wir Leute. Das darf im Prinzip nur die Führung wissen. Also: Kein Wort darüber." Nach dem dritten Bier kommt er auf die Organisationsstruktur der ANS zu sprechen.
„Die ANS ist nichts weiter als eine Zelle der NSDAP/AO. Die gibt es ja schon seit 1971 illegal hier. Angeleitet werden wir aus den USA und aus Südafrika. Dort liegen auch die Mitgliedsbücher. Aber nicht alle ANSler sind auch NSDAP-Mitglieder. Im wesentlichen nur der enge Kern, alle anderen werden langsam rangeführt. Das ist auch bei unseren Aktionen so. Ein Kern von etwa 10 Leuten tritt offen auf, macht spektakuläre Aktionen, wie vor einigen

Die Ähnlichkeit mit dem Hakenkreuz ist mehr als gewollt – das Zeichen der ANS. Auf den Gruppenabenden wird der kleine Unterschied korrigiert. Jedes Mitglied erhält Dutzende Hakenkreuzaufkleber zum Kleben.

Wochen die Kranzniederlegung am Kriegerdenkmal, wird auch mal verhaftet, kommt in die Zeitung.
Der Rest wird geschult und schrittweise an bestimmte Aufgaben rangeführt. Einige Leute werden geschont – aus Sicherheitsgründen. Denn wenn wir mal auffliegen, dürfen nicht alle weg vom Fenster sein."
„Wart ihr nicht kürzlich auch in Bremen?"
„Ja, allerdings haben uns die Bullen festgesetzt, als wir das Horst-Wessel-Lied gesungen haben. Aber wir haben jetzt auch in Hannover eine ANS gegründet, und in Kiel wird eine Gründung vorbereitet."
Michael David greift in seine Manteltasche, holt einen Aufkleber mit Hakenkreuz und Aufschrift „NS-Verbot aufheben!" heraus und klebt ihn auf eine Streichholzschachtel. Mit Schwung fliegt sie dem Wirt vor die Finger: „Hier – das sind die neuen Streichholzschachteln!"
Der lacht und schiebt sie einem Gast neben das Bierglas. Man scheint sich hier gut zu kennen. Der Wirt, von JN-Mitglied Lars Möller mir als langjähriges NPD-Mitglied beschrieben, ist nicht nur enger Faschistensympathisant, sondern scheint auch als Hehler Karriere zu machen. Zwei Wochen später bin ich dabei, wie er Michael David eine Lederjacke zu günstigen Konditionen verkauft. Ich mache von seinem reichhaltigen Angebot keinen Gebrauch.
David steckt mir ein paar Dutzend Hakenkreuzaufkleber zu: „Wir sind wieder da!", „NS-Verbot aufheben!", „NSDAP jetzt!"
„Kleben gut!"
Ich stecke sie ein. Wenn jetzt die Polizei kommt, bin ich geliefert. Das öffentliche Zeigen von Hakenkreuzen und ihre Verbreitung ist nach dem Strafgesetzbuch strengstens verboten. Aber damit nimmt man es ohnehin in den letzten Jahren nicht genau. Bei Karstadt in Dortmund habe ich vor Wochen Dutzende Bastelflugzeuge aus dem II. Weltkrieg gesehen, wo kleine Hakenkreuze mitgeliefert waren. Zum Selbstaufkleben. In fast jedem Antiquitätenladen, auf fast jedem Flohmarkt kann man mittlerweile Uniformteile und Orden eben mit diesem Zeichen des Grauens käuflich erwerben.
David bereitet sich langsam auf den Abmarsch vor, als drei schwarze Jungs die Kneipe betreten und ihn stürmisch begrüßen. Es sind die Kieler.
Auch sie wollen weiter nach Belgien und lassen sich von Michael David die letzten Anordnungen geben.

Der jüngste der drei hat die neueste Ausgabe der Zeitschrift „Das III. Reich" unterm Arm. Dieses obskure Blättchen, das unter dem Tarnmantel angeblicher Dokumentation ein gefährliches und gefälschtes Geschichtsbild entwirft, ist neben anderen reaktionären Schriften an fast jedem Kiosk zu haben. In Nazikreisen findet es selbstverständlich große Zustimmung, es ist willkommen als Objekt geistiger Selbstbefriedigung. Die ganzseitigen Glanzfotos und -gemälde von Adolf Hitler und seiner Mördercrew, von strammen deutschen Männern und drallen deutschen Mädeln, von Aufmärschen und Paraden finden sich an der Wand so mancher alten und neuen Nazis wieder.
Nach einer kurzen Bierpause machen sich die Kieler auf den Weg, Michael David verabschiedet sich ebenfalls.
Nicht bevor er mir den Auftrag erteilt hat, jedem weiteren Interessenten entweder den Weg über Holland zu erklären oder ihn fürs nächste Mal einzuladen.
Ich nehme meinen Auftrag ernst. Einen später eintreffenden finnischen Faschisten mit gebrochenem Deutsch vertröste ich auf nächsten Freitag, mit einem älteren Herrn im eng taillierten Motorraddreß diskutiere ich über die „Minderheitenfrage" in einem neu anzustrebenden faschistischen Deutschland. Er zeigt mir stolz ein vergilbtes Foto, das ihn im Kreis seiner SS-Kameraden zeigt. Brennend interessiert ihn die Frage, ob „wir" Homosexuelle später ins KZ schmeißen würden.
Ich weiche aus, kenne den Standpunkt „meiner" ANS nicht in dieser Frage. Er kommt ebenfalls nächsten Freitag wieder.
Michael David macht dann allerdings aus „unserem" Standpunkt kein Hehl, als er mir zuflüstert: „Der ist schwul, da mußt du dich in acht nehmen. Der fliegt gleich hier raus!"
Um 21.00 Uhr habe ich meinen Wartedienst beendet und bin froh, das Lokal, in dem sich mittlerweile mehrere Damen mit den berüchtigten Ledertäschchen und dem aufdringlichen Deo versammelt haben und lauthals über ihre Freier herziehen, verlassen zu können.

Kühnen plaudert aus

Heute, am Freitag, dem 10. März 1978, habe ich mir etwas mehr Verstärkung mitgebracht. Verteilt auf zwei Autos warten Christian, Bernd, Ali, Uwe, Heinz, Achie, Norbert und Torleif zwi-

schen anderen parkenden Autos auf verabredete Zeichen. Michael David hatte angekündigt, daß an diesem Freitagabend „etwas“ laufen soll. Der „Egerländer“ hat noch geschlossen, ich versuche in der Nebenkneipe mein Glück.
Als ich die Hand vom Türgriff nehmen will, spüre ich einen festen Griff am Unterarm.
„Na, Schätzchen, wie wär's?“
Zwei tiefblaue Augen warten aufdringlich auf eine Antwort. „Keine Zeit, keine Zeit“, murmele ich verlegen und streife die Hand ab.
Peter Teuffert, Christian „Frankenstein“ Grabsch und Michael David hocken direkt am Fenster und blättern in verschiedenen Tageszeitungen.
„Grüßt euch!“
„Heil!“
„Hallo! Hast du noch mehr von uns gesehen? Der ‚Egerländer‘ macht heute erst um 20.00 Uhr auf.“
„Nee, keinen.“
Michael Kühnen, Christian Worch und Tibor Schwarz betreten zusammen die Kneipe.
„Hier seid ihr also!“
Kühnen begrüßt uns mit kurzem Handschlag.
Nun lerne ich endlich den militantesten und – neben Karl-Heinz Hoffmann – prominentesten Neonaziführer persönlich kennen. Der 22jährige angeblich „freie Journalist“ wurde im Juni 1977 vorzeitig aus der Bundeswehr entlassen, als in seinem PKW stapelweise Nazimaterial entdeckt wurde. Er hatte den Dienstgrad eines Leutnants und war Student der Hamburger Bundeswehrhochschule. Er war Chef des berüchtigten „Freizeitverein Hansa“, der nun in die „ANS“ aufgegangen ist, und soll einer der hauptamtlichen Kader der NSDAP sein, deren Aufgabe der Aufbau illegaler Zellen im gesamten Bundesgebiet ist. Aus diesem Grund reist er des öfteren durchs ganze Land, hält engste Kontakte zum „Kampfbund Freiheit für Rudolf Heß“, der „Kampfgruppe Priem“, der „Nationalrevolutionären Arbeiterfront Bremen“ und diversen Wehrsport- und NS-Gruppen. Mit Interesse hatte ich zuvor die Interviews gehört und gelesen, die Kühnen nach der Gründung der ANS gab. So hatte er auf die Frage, warum man ausgerechnet jetzt die Illegalität mit massiver Öffentlichkeitsarbeit tauscht, geantwortet:

„Es hat sich erstens verändert die politische Großwetterlage in den letzten Jahren, das heißt, die Unzufriedenheit mit den etablierten Parteien hat wieder zugenommen. Und die Stellungnahmen in der Öffentlichkeit gegenüber rechten Strömungen, gerade auch die sogenannte Hitlerwelle, haben doch zu einer Auflockerung der öffentlichen Meinung geführt. Der zweite Bereich ist, daß eine neue Generation herangewachsen ist. Wenn Sie sich hier umschauen, werden Sie feststellen, daß 80–90 Prozent unserer Leute, der wirklich aktiven Leute, zwischen 20 und 25 Jahre alt sind. Wir sind eine neue Generation, die erkannt hat, daß alle etablierten Strömungen im Grunde unfähig sind, die Probleme der Zukunft zu meistern."
Für Kühnen ist Hitler einer der, „wenn nicht sogar der größte deutsche Politiker der letzten Zeit", Judenvergasungen in deutschen KZs hat es für ihn niemals gegeben, vorbildliche Regierungsformen sieht er in Chile und Paraguay, und den Gewerkschaften will er ihre eigenständige Existenz rauben.
Kühnen hat auch gleich einen Auftrag zu vergeben: „Ich suche noch Leute, die mit mir heute nacht nach Nürnberg fahren. Dort findet morgen früh eine Veranstaltung von Freunden statt, die mich gebeten haben, dort zu sprechen und gegebenenfalls noch Hilfe mitzubringen."
Christian Grabsch, 17jähriger Schüler und an fast allen Schlägereinsätzen der JN und der „Hansa-Bande" beteiligt, überlegt noch. Tibor Schwarz, 18jähriger Steinsetzerlehrling und Wahlkandidat der ANS, meldet sich für den Einsatz.
„Haben wir denn auch noch Zeit, das Reichsparteitagsgelände zu besichtigen?"
„Die Zeit nehmen wir uns. Wir sind aber spätestens Sonntag abend wieder hier."
Mittlerweile haben sich immer mehr ANSler vor dem „Egerländer" eingefunden. Kühnen ordnet an, das Lokal zu wechseln.
„Kommt, wir gehen gegenüber zum Alten Ritter."
Die Musikbox dröhnt laut „That's the way, aha, aha, I like it!" Wir hocken uns um zwei Tische. Kühnen erklärt mir und einem weiteren Neuen – nachdem er sich von David meine Zuverlässigkeit hat versichern lassen – einige weitere Einzelheiten über das Verhältnis von ANS zur NSDAP.
„Die illegale NSDAP ist von Leuten der NSDAP aus den USA aufgebaut worden. Die haben reichlich Erfahrung damit. Es sind meist Leute, die zur Zeit des Dritten Reiches die NSDAP in den

USA unter schwierigen Bedingungen aufgebaut haben und für Hitler Spionage betrieben haben. Auf die ist Verlaß. Zur Zeit können wir ziemlich sicher sein, daß kein Spitzel unter unseren Leuten ist. Man hat uns in den Zeitungen, trotz massenhafter Veröffentlichungen, noch nicht in direkten Zusammenhang mit der NSDAP gebracht. Und das, obwohl sicher ist, daß der „stern" sich vorher mit der Polizei zusammengesetzt hat. Aber wir haben auch einen guten Sicherheitsdienst. Die NSDAP hat durch geschulte Parteimitglieder einen Sicherheitsdienst aufgebaut, der auch Überprüfungen von Neumitgliedern vornimmt. Nur die Leitung weiß, wer in diesem Sicherheitsdienst ist. Die stellen auch Listen von Kommunistenführern, Beamten der politischen Polizei und linken Richtern auf. Die können wir später bestimmt gut gebrauchen."
„Da werden einige über die Klinge springen müssen", freut sich einer. Und da er schon einmal Kühnens Redefluß unterbrochen hat, weiß er auch gleich von einigen Aktivitäten zu berichten.
„Vorige Woche war ich bei dem Marquart, der uns geschrieben hat, der aus der Eppendorfer Landstraße 40. Der ist 61, alter Nationalsozialist. Der hat noch 'ne Menge Material, Bücher, Filme. Ist an weiteren Kontakten mit uns interessiert. Er sagt, er könne ein ganzes Dutzend alter SA- und SS-Männer in die ANS überführen."
Man freut sich. Und Kühnen weiß zu berichten: „Ihr glaubt gar nicht, wie viele Anfragen ich in der letzten Zeit bekomme. Aus ganz Deutschland. Wir werden bald eine große und schlagkräftige Truppe bilden können. Man muß uns bloß Zeit lassen."
Und dann geht er gleich in die Details:
„Leider muß unsere Filiale in Hannover aufgrund einiger Vorkommnisse auf Tauchstation gehen. In Kiel geht's aufwärts, Frank hat schon ein halbes Dutzend zuverlässiger Leute zusammen. In zwei süddeutschen Städten bricht die NPD samt JN langsam in sich zusammen. Wir haben gute Chancen, eine ANS-Gründung dort ins Auge zu fassen."

Karriere beim „Bund"

Am Nebentisch nimmt ein Pärchen Platz, dessen männlicher Teil ausgesprochen auffällig zu uns rüberschaut.
Sicher ist sicher, denke ich mir und stoße Michael an.

„Der Typ drüben, mit seiner Perle, schaut ziemlich auffällig zu uns rüber!"
Michael winkt ab: „Der ist okay. Es ist einer von uns. Der ist Bundeswehrsoldat. Bei uns gibt es die Anordnung, daß sich Soldaten sämtlichen Kontakten mit uns enthalten müssen. Die NSDAP-Mitglieder in der Bundeswehr haben eine eigene Organisationsstruktur. Wir müssen verhindern, daß sie – wie ich – rausfliegen."
Der Anteil der Soldaten in neonazistischen Gruppen ist verhältnismäßig groß. Die wehrsportbegeisterten Jungnazis zählen schon die Monate, wann sie in die Truppe einrücken dürfen und ihr militärisches Wissen und Können „offiziell" erweitern können. Andererseits haben auch – wenn auch nur wenige – Unteroffiziere und manche Offiziere für Naziorganisationen ihr Herz entdeckt. Major Lindner, Oberstleutnant Temmler und Oberstleutnant Witt sind einige der bekannten Beispiele für Offiziere, die hohe NPD-Funktionen ausüben, ohne nur im geringsten Schwierigkeiten mit der Bundeswehrführung zu bekommen. Und es sind Fälle bekannt, wo Mitglieder militanter Naziorganisationen in der Bundeswehr aufgeflogen sind:
Bei einem Bundeswehr-Obergefreiten wurde eine umfangreiche Waffensammlung gefunden, ein 24jähriger Stabsunteroffizier wurde unter dem Verdacht des Überfalls auf ein Übungslager der Bundeswehr verhaftet, ein weiterer Berufssoldat hatte in Kiel Waffen gehäuft, bis die Polizei ihn festsetzte.
Michael Kühnen gibt erneut das Zeichen zum Aufbruch. Wir wechseln ins „Egerländer".
Unauffällig blicke ich mich nach allen Seiten um. Von Christian und den anderen ist nichts zu merken. Tarnung ist alles. Um 10 Minuten nach 20.00 Uhr eröffnet Kühnen offiziell den „Gruppenabend". Außer dem harten Kern sind noch einige neue, junge Gesichter zu sehen. Sie scheinen nicht älter als 15, 16 Jahre zu sein. Abenteuertum und falsch verstandene Kameradschaft, weniger politisches Interesse haben sie in die Arme von Kühnen und seinen Hintermännern der NSDAP getrieben. Es macht ihnen Spaß, das Fahrtenmesser in die Tischplatte zu bohren, die Länge der Klingen zu messen. Karsten hat Stunk zu Hause: „Mein Vater hat in meinem Schrank die Hakenkreuzaufkleber gefunden. Der hat ein Theater gemacht. Das alte Sozi-Schwein hat mir gedroht, mich zu Haus rauszuschmeißen."

„Das würde mein Vater nie sagen", wirft ein anderer ein, „für den ist selbst die NPD zu links."
Michael Kühnen bereitet dem Geplaudere ein Ende.
„Am nächsten Wochenende ist Hamburg dran. Sprühdosen und Kleister habe ich im Wagen."
Die beiden Sätze vom „Führer" reichen. Kopfnicken. Einverständnis. In der nächsten Woche wird man wieder im Hamburger Abendblatt lesen können: „Hakenkreuzschmierereien in Harburg!" oder „Jüdischer Friedhof verwüstet!"
Kühnen ermahnt zur Disziplin: „Wir müssen in der Unterschriftensammlung einen Schlag zulegen. Wir wollen ein Signal setzen. Erstmalig! Kameraden im In- und Ausland schauen auf uns. Wir dürfen uns nicht blamieren. Wieviel Unterschriften sind zusammen?"
„Ich hab zwanzig!"
„Neun!"
„Keine, aber fünf haben mir versprochen..."
„Drei!"
„Zehn!"
„Was ist mit dir?" Kühnen lächelt mich an.
Ich lächele zurück: „Du, ich hab noch keine Liste!"
„Hier!"
Er reicht mir eine vom Hamburger Landeswahlamt ausgestellte Unterschriftenliste für die Bürgerschaftswahl am 4. Juni 1978. Und schärft uns abermals die Bedeutung dieser „erstmaligen" Sache ein.
Der NSDAP-Führung muß viel an dieser Sache liegen. Denn erstmalig wird sie damit, versteckt hinter dem Kürzel „ANS", zu einer Wahl kandidieren. Ein weiterer Schritt zur Legalisierung der Hitlerpartei? Sicherlich ein ganz entscheidender Schritt. Ein Eckpfeiler ihrer nicht ungeschickten Taktik. Nicht umsonst heißt es im „Kampfprogramm" der ANS an erster Stelle: „Die Mitglieder der Aktionsfront Nationaler Sozialisten sind keine Nationalsozialisten im herkömmlichen Sinne. Dennoch fordern wir die Aufhebung des NS-Verbots..."
Dann kommen nur noch zwei Programmpunkte: „Baustopp für Atomkraftwerke" und „Kampf dem Kommunismus".
Mit ihrem „antikommunistischen Kampf" will sie „die Straße zurückerobern, damit deutsche Bürger wieder durch die Stadt gehen können, ohne ständig vom Anblick langhaariger Politspinner be-

leidigt zu werden! Die ANS ist das entschlossene Gegengewicht zur Bolschewisierung Deutschlands.“
Karsten hat Schwierigkeiten beim Unterschriftensammeln. Er ist bei den meisten kalt abgeblitzt. Mit Faschisten will man nichts zu tun haben.
ANS-Chefideologe und Wahlkandidat Christian Worch weiß Rat: „Nicht viel erklären. Nur sagen, wir stehen rechts von der CDU. Das wirkt.“
Der 20jährige Notargehilfe Worch ist einer der 150prozentigen im ANS. Im Landesvorstand der Jungen Nationaldemokraten war er zuständig für Propaganda und sieht auch heute noch in Goebbels das große Vorbild. Während die meisten Mitglieder sich mit „Deutschland Heil“ begrüßen, steht er bei Begrüßungen stets auf, streckt den rechten Arm aus und brüllt „Heil Hitler!“. In der NSDAP steht ihm eine große Karriere bevor, sollte er nicht auch dorthin wandern, wo solche Gestalten landen müßten: hinter Schloß und Riegel.
Kühnen hat in diesem Zusammenhang auch schlechte Nachrichten:
„Ihr wißt alle, daß Lutz verhaftet ist. Ich betone hier nochmals: Ich bin sicher, daß sich das als Mißverständnis herausstellt. Wir lehnen Überfälle ab.“
Ein Dementi im Stil einer lästigen Pflichtübung.
Besagter Lutz Wegener, Kühnens Stellvertreter, war vor einigen Tagen hochgegangen.
Ihm werden noch andere folgen: „Wehrsport“- und „Wiking-Jugend“-Gauführer Uwe Rohwer, der stellvertretende Gauführer der „Wiking-Jugend“ Manfred Börm, der wegen Untergebenenmißhandlung suspendierte Stabsunteroffizier Lothar Schulte und der Hamburger Schlosser Klaus-Dieter Puls, allesamt mutmaßliche Mitglieder der NSDAP.

„Aufstehen! Hände hoch!“

Und das war passiert: Am Wochenende, 4. und 5. Februar 1978, hatten sich auf Rohwers „Wiking-Hof“ wieder einige unerbittliche Kämpfer zu paramilitärischen Übungen versammelt.
Doch Theorie und Training wollten auch in die Praxis umgesetzt werden. Fünf Übungsteilnehmer verbrachten die Nacht deshalb

nicht in ihren Betten. Sie knüppelten ihren Wagen 200 Kilometer Richtung Süden. Um kurz vor drei Uhr stiegen drei schwarzvermummte Kämpfer am Biwakplatz „Landsberg" auf dem Truppenübungsplatz Bergen-Hohne aus dem Wagen und stürmten das Wachzelt einer holländischen Einheit, Maschinenpistole im Anschlag: „Aufstehen, Hände hoch!" Sie entwaffneten die Mannschaft, erbeuteten vier Maschinenpistolen und konnten in der Dunkelheit entkommen. Sieben Wochen zuvor, am 19. Dezember, waren zwei von ihnen ebenfalls erfolgreich aktiv gewesen. Mit einer Maschinenpistole hatten sie 25000 DM beim Überfall auf eine Filiale der Hamburger Sparkasse erbeutet. Und 17 Tage zuvor waren mutmaßlich denselben Tätern bei einem Überfall auf einen Kölner Kaufmann Schmuck und Fotoausrüstungen im Wert von 65000 DM in die Hände gefallen.

Lutz Wegener und Lothar Schulte sollen mittlerweile den Überfall auf dem NATO-Truppenübungsplatz Bergen-Hohne gestanden haben. Die vier Maschinenpistolen sind ebenfalls wieder da. Uwe Rohwer hat sie über einen Rechtsanwalt der Polizei übergeben. Stück für Stück fügt sich ein Plan zusammen, von dem man gegenwärtig in Nazikreisen flüstert: Mit dem Gift, das man bei Frank Stubbemann sicherstellte, sollte angeblich die Wachmannschaft des Kriegsverbrechers Rudolf Heß im Spandauer Gefängnis über die Wasserleitung vergiftet werden. Mit den erbeuteten Maschinenpistolen sollten die restlichen Wachleute niedergeschossen werden. Das geraubte Geld sollte Vorbereitung, Durchführung und Flucht nach Brasilien absichern.

Am Abend des 10. März sind viele der jetzt bekannten Tatsachen noch nicht auf dem Tisch.

Kühnen gibt sich selbstsicher, läßt aber keine weitere Diskussion zu dem Thema zu.

Allerdings läßt er uns Getreue wissen, daß sich etwas tut: „Auch bei mir bahnt sich etwas an. Ihr wißt, daß gegen mich diverse Strafverfahren laufen. Aber die Organisation steht. Der Kampf wird weitergehen. Christian ist in alles eingeweiht. Er wird die Leitung übernehmen."

Und dann hagelt es Tips für Anfänger: „Wenn ihr irgendwann einmal von der Polizei festgenommen werdet – immer nett und freundlich. Keinen Widerstand. Personalien angeben, nichts unterschreiben. Spätestens nach zwei, drei Stunden seid ihr wieder frei. Versucht nur, eure Hakenkreuzaufkleber unauffällig verschwin-

Uwe Rohwer, „Wehrsportgruppen"-Chef und neonazistischer Terrorist, Besitzer des Ausbildungslagers „Wiking-Hof" in Dörpstedt, Schleswig-Holstein.

Neonazistischer Anschlag auf das Büro der Deutschen Kommunistischen Partei in Hamburg-Altona.

den zu lassen, und macht beim Anmarsch der Polizei eure SS- und SA-Nadeln weg. Das können die nicht ab. Und immer wieder betonen: Eure schwarze Bekleidung ist keine Uniform, alles mehr Zufall, Okay?"

Wieder gibt es keine Fragen, keine Widerworte. Alles ist auf Kühnen fixiert. Er ist der Führer, er ist der große Macher. Was er sagt, wird getan – heiliges Wort.

Er schaut auf die Uhr: „Ich glaube, wir haben alles Wesentliche besprochen. Einzelgespräche. Karsten, Udo, Christian und !...?" Er zeigt auf mich.

„... und Gerhard. Wir gehen vor die Tür. Karsten, kommst du!"

Zusammen mit Karsten verschwindet er vor die Tür. Spezialaufträge werden vergeben, neue Befehle und Anordnungen empfangen.

Zusammen mit Michael David und seiner Freundin Angelika mache ich mir am Flipper zu schaffen. Im „Egerländer" hat sich zwischenzeitlich das gewohnte Publikum eingefunden. Weitgeöffnete Blusen, eingeschnittene Röcke, rauher Ton.

Es stört hier keinen, wenn „Heil Hitler" gerufen wird.

Und die sich sonst als biedere Saubermänner und Moralaposteln gebärdenden Neonazis, für die Frauen, die zur Prostitution gezwungen sind, Untermenschen ersten Grades sind, kümmert es hier einen feuchten Kehricht, im selben Lokal zu verkehren.

Kühnen hat sein erstes Gespräch beendet.

„Ich habe draußen gerade eine Polizeistreife gesehen. Jeder, der ein Messer beihat, legt es jetzt sofort an die Garderobe. Falls die hier mal eine Razzia machen, muß alles in Ordnung sein." Ein halbes Dutzend Klingen blitzen, landen auf dem Tisch und werden an einen sicheren Ort gebracht.

Kühnen verabschiedet sich: „Ich muß jetzt leider weg. Die restlichen Gespräche holen wir nächsten Freitag nach."

Michael David sorgt sich redlich darum, daß mir der Freitagabend nicht langweilig wird.

„Kommst du mit auf den DOM? Da machen wir noch einen rund."

Zusammen mit Angelika und Christian Grabsch wollen wir uns auf den Weg machen.

„Kleinen Moment noch, ich muß noch kurz für kleine Jungen!"

Doch es ist weniger die Blase, die mich zum stillen Örtchen treibt. Auf einen kleinen Zettel kritzle ich: „Fahren zum DOM. Wartet dort an der nächsten U-Bahn-Station."

Der Zettel verschwindet in einem zusammengeknäulten Tempo-Tuch. Beim Verlassen des „Egerländers" geht's rund mit der Zeichensprache. Ich habe meine schwarze Lederjacke nicht angezogen, sondern über den Arm gelegt – das Zeichen dafür, daß wir mit einem Auto fahren.
Ich greife zu meinen Stiefeln und ziehe an beiden Füßen die Strümpfe hoch – das Zeichen, daß man mir folgen soll. Und dann schmeiße ich noch mein Tempo-Tuch etwas abseits in die Sträucher – das Zeichen, daß eine Mitteilung auf meine „Bewacher" wartet. Wenn das mal gutgeht!
Angelika macht Platz in ihrem VW. Sie hat noch nicht lange ihren Führerschein, älter als 19 Jahre wird sie noch nicht sein. Sie ist das einzige Mädchen unter den zwanzig ANSlern, die ich kenne. Dafür um so aktiver. Sie ist beauftragt, den „Bund Deutscher Mädchen" zu gründen.
„Hier kann jedes arische und nationalsozialistisch denkende Mädel für das Großdeutsche Reich arbeiten. Wir verlangen von unseren Mädeln die bedingungslose Bereitschaft, jene weltanschauliche und sittliche Reife zu erlangen, die unser Führer Adolf Hitler uns vorgelebt hat... Unser Streben nach einem kommenden, besseren Deutschland können Mädel von 15 bis 20 Jahre unterstützen. Es sollte für jedes deutsche Mädel Pflicht und Freude sein, dem Deutschen Reich zu dienen!"
Viel Resonanz scheint dieser Gründungsaufruf unter den „Mädeln" in unserem Land allerdings noch nicht gehabt zu haben. Angelika ist zugleich Führerin und einziges Mitglied. Das hat zumindest den Vorteil, daß alle Beschlüsse einstimmig gefaßt werden.

Seltsamer Humor

Doch Angelika ist kein Kind trauriger Eltern. Auf dem DOM entfaltet sie wahre Begeisterungsstürme für Karussells jeglicher Art. Nicht an einem Karussell geht sie vorbei, ohne hektisch auf einer Fahrt zu bestehen. Michael David und ich lehnen dankend ab, doch Angelika besteht auf einem Partner.
Da helfen keine Ausreden, Christian Grabsch ist der Dumme und muß mit auf die Höllenbahnen.
Michael David zeigt sich von der spendablen Seite. Er finanziert

das kostspielige Vergnügen und blättert die notwendigen Scheine hin. Mit Interesse sehe ich einen ganzen Berg blauer und brauner Scheine. Mir fallen immer wieder die mysteriösen Banküberfälle ein. Denn auch als Raumausstatter wird Michael nicht im Geld schwimmen können. An diesem Abend wird er fast 200,– DM an Kassenhäuschen und Kellner los.

Wir machen uns über Christian Grabsch lustig, der nach der sechsten Todesfahrt immer blasser geworden ist und keinen Ton mehr sagt. Doch er hält sich tapfer.

In einem großen Bierzelt genehmigen wir uns eine Haxe und einen Krug Bier.

„Letztes Mal waren wir mit zehn Leuten hier und haben einige alte Lieder gesungen. Du hättest mal die dummen Gesichter der Leute sehen müssen."

Michael David leitet mit Witzen den „gemütlichen" Abend ein: „Weißt du, wieviel Juden in einen VW passen? Nein! 100! – Vier auf den Sitzen, 96 im Aschenbecher!"

Ich bin froh, daß Angelika mir das Lachen abnimmt und losgakkert. Da fällt nicht so auf, daß mir bei diesem und folgenden „Judenwitzen" das Lachen vergeht.

Antisemitismus wird in der ANS groß geschrieben. Juden sind – neben Kommunisten – der Todfeind Nummer eins.

Es waren Mitglieder der ANS bzw. der NSDAP, die bekannten jüdischen Bürgern und Antifaschisten anonyme Flugblätter mit dem „Juden-Song" ins Haus schickten.

In unbeschreiblicher Perversität heißt es da:

„1. In Buchenwald, in Buchenwald macht Adolf alle Juden kalt.
Refrain: Fiderallalla, Fiderallalla, Fiderallallallalla!
...7. Die Kopfhaut einer Judenstirn, das gibt 'nen prima Lampenschirm!
...15. In Auschwitz ist die Stimmung toll, die Öfen sind bald wieder voll!"

Ein Zufall, daß es genau an dem Tag Antifaschisten durch die Post ins Haus flatterte, als in den Zeitungen zu lesen war, daß SPD-Geschäftsführer Egon Bahr die Rechtsradikalen „weder zahlreich noch bedrohlich" empfand. Im Gegenteil. Die Bundesrepublik sei auch in dieser Frage „stinknormal". Und knapp acht Wochen später bekräftigte die Bundesregierung, daß der Rechtsradikalismus in der Bundesrepublik keine Gefahr für die innere Sicherheit darstellt. Doch auch die neuen Nazis wissen der SPD, die schon unter

Hitler verboten und deren Mitglieder tausendfach in den Konzentrationslagern bestialisch ermordet wurden, nicht zu danken.
Einer der Neonazis hatte erst kürzlich ausgesprochen, was alle meinen: „Wenn wir mal das Sagen haben, sind nach den Kommunisten auch die Sozialdemokraten dran.“
Was mit „dran“ gemeint ist, kann man im „SA-Kampfblatt für Hamburg und Umgebung“ nachlesen:
„Wir Nationalsozialisten werden uns eines Tages freuen, daß die KZs zur Erinnerung an nie stattgefundene Greueltaten so gut erhalten worden sind. Man kann sie eigentlich von einem Tag auf den anderen in Betrieb nehmen.“
Mittlerweile ist es 23.00 Uhr geworden. Ich kann dem erneut einsetzenden DOM-Bummel und der Karussell-Begeisterung von Angelika nicht mehr viel abgewinnen. Christian Grabsch ist immer ruhiger geworden – Haxe, Bier und Karussell muß nun doch nicht die richtige Mischung sein.
Ich fühle mich außerdem unwohl, inmittel so vieler Menschen unbekümmert mit drei Neonazis daherzuschlenkern. Trotz meines etwas veränderten Aussehens kann es der Zufall wollen, daß ich Freunden der SDAJ hier begegne.
Und ein noch so gut gemeintes „Hallo, Genosse Pomorin, altes Haus, du hier in Hamburg? Was macht ‚elan‘?“ könnte ich wirklich nicht gebrauchen.
Ich verabschiede mich von den dreien und frage mich zur nächsten U-Bahn-Station durch.

Bemerkenswerte Beobachtungen

Eine Dreiviertelstunde später hocken wir zusammen um den Tisch. Bernd hat sich besondere Einzelheiten gemerkt: „Schräg gegenüber unserem Auto stand eine Blondine mit schwarzen Stiefeln und heißer Lederjacke. Oberweite schätzungsweise 95 cm, Alter: 30–35, Preisklasse: 40–60 DM. In den fünf Stunden unseres Zwangsaufenthaltes hat sie neun Verkaufsgespräche geführt und vier in die Tat umgesetzt. Sie blieb zweimal eine halbe Stunde und zweimal 45 Minuten weg. Sonst keine besonderen Vorkommnisse.“
Christian unterbricht das Gelächter: „Es ist trotzdem ärgerlich, daß wir dich verloren haben. Es ist ja alles gut ausgegangen, aber

wenn man dich enttarnt hätte und du jetzt mit einem dicken Stein am Hals in der Elbe liegen würdest, sähe die Sache etwas anders aus."

„Wieso Stein am Hals. In der Kloake reicht doch schon die Berührung mit dem Wasser für einen raschen Tod."

„Also: Wir haben gesehen, wie du mit zwei Nazis und einem Mädchen kurz nach 21.00 Uhr die Kneipe verlassen hast. Dann hast du mindestens dreimal über deine Jacke gestrichen, damit wir auch alle merken, daß du sie über den Arm gelegt hast. Dann hast du wie ein träger Neandertaler deinen Rücken gebückt und an den Strümpfen gezogen, als ob du sie rausreißen wolltest. Und als du wieder oben warst, fuhr ein roter VW-Bus ganz langsam an dir vorbei. Wir sahen nur noch, wie du um die Ecke bogst."

„Mann, da habe ich vorher das Tempo-Tuch fallen lassen!" „Wir sind dann erst mal im Auto geblieben, und nach zehn Minuten ist Christian ausgestiegen und am ‚Egerländer' vorbei gegangen."

„Ja, ich habe ein Tempo-Tuch irgendwo gesehen. Aber ich konnte ja nicht riechen, daß es von dir war."

Einen Moment herrscht Ruhe im Zimmer.

Dann sagt Ali das einzig Richtige:

„Ich habe das dumme Gefühl, unser geheimnisvolles James-Bond-Nachrichtenübermittlungssystem hat seine Premiere nicht überstanden. Wir haben eine Woche Zeit, uns was Neues einfallen zu lassen. Prost!"

Getrennt marschieren, vereint schlagen

Am Montagabend hocke ich bis spät in die Nacht in unserer Dortmunder Redaktion. Ich hatte mir schon vor Wochen vorgenommen, in einer ruhigen Stunde unser Archiv unter dem Stichwort „Nazis" durchzustöbern. Drei Namen gehen mir durch den Kopf: Borchardt, Eckart, Wübbels.

Kühnen hatte sie Worch gegenüber erwähnt, als er von einem Treff in Hannover redete.

Die Namen dieser drei hatte ich bereits vorher schon einmal gelesen. Jeder für sich ein Nazi-Spinner, ein Einzelgänger, völlig isoliert, ohne Kontakte miteinander. So ähnlich hatte es im Bericht des sogenannten Verfassungsschutzes geheißen, für den jeder Bericht über neonazistische Aktivitäten ohnehin nur Pflichtübung,

ohne große Mühe und Engagement ist. Zuerst werde ich beim Namen „Wolf Dieter Eckart“ fündig. Lange Zeit war er einer der aktivsten NSDAP-Anführer im norddeutschen Raum. Er ist Ingenieur, 38 Jahre alt. 1969 gründete er den „Bund deutscher Nationalsozialisten“, der auf Proteste antifaschistischer Organisationen jedoch bald darauf verboten wird. Doch Eckart gibt nicht auf. Durch verschiedene Schriften wirkt er weiter in nationalistische Kräfte hinein. Er wird Verfasser und Verteiler des „Mitteilungsblattes – Freundeskreis der NSDAP“, des „Nationalsozialistischen Deutschen Nachrichtendienstes“, der „Reichsschulungsbriefe“ und des „NS-Pressedienstes“. Die antisemitische Hetze, die aus seinen Schriften spricht, ist unvergleichbar: „Schlagt die Juden... in die schadenfroh grinsenden Fressen. Zertrümmert ihnen die Fenster, kennzeichnet die Häuser von Juden als solche. Brennt die Synagogen ab, soweit sie noch stehen.“
Sein Vorschlag, eine Gedenkstätte „zum Gedenken an den Führer und Reichskanzler Adolf Hitler“ zu errichten, wird gegenwärtig von der ANS begierig aufgegriffen und geplant. 1977 ist zu Eckarts Schriften eine neue hinzugekommen: „Wille und Weg – Nationalsozialistische Reichszeitung“, das offizielle Organ der „NSDAP in Deutschland“.
Spätestens hier werden Verbindungen zum Bocholter Frührentner und Neonazi Heinrich Wübbels deutlich. Denn er gilt als Koautor dieses Hetzblattes. Wübbels gilt als einer der undurchsichtigsten Männer auf der Nazi-Szene. Zusammen mit Thies Christophersen war er der Organisator einer der größten nazistischen Provokationen auf dem Boden der Bundesrepublik, an der im übrigen auch Wolf Dieter Eckart teilnahm. Durch NPD-Mitglieder angemietet, hatte am 10. November 1974 im Hamburger „Haus des Sports“ eine Nazi-Veranstaltung mit dem in den USA residierenden Gary Rex Lauck, Führer der NSDAP/AO (Auslandsorganisation), stattgefunden. Der referierte zum Thema „Warum wir Amerikaner noch Adolf Hitler verehren“ und trug Passagen aus Adolf Hitlers „Mein Kampf“ vor.
Die Polizei war wieder einmal auf dem rechten Auge blind. Obwohl schon eine Woche vor der Veranstaltung Einladungen im Umlauf waren, schritt sie erst ein, als sie wohl keine weitere Ausrede mehr finden konnte.
In einem Bericht vom 15. November 1974 der „Staatlichen Pressestelle Hamburg“ liest sich der ganze Skandal so:

„Am Sonntag, dem 10. November, hingegen teilte ein anonymer Anrufer um 11.05 Uhr über Notruf 110 der Polizei mit, daß im ‚Haus des Sports‘ eine ‚NPD-Veranstaltung‘ stattfinde, in der Männer mit alten Nazi-Uniformen sowie Orden und Ehrenzeichen umherliefen. Da nach § 86a des Strafgesetzbuches das ‚Verwenden von Kennzeichen verfassungswidriger Organisationen‘, wie Fahnen, Abzeichen, Uniformen, Parolen und Grußformen, auch in nichtöffentlichen Veranstaltungen verboten ist, ging die Polizei dieser Anzeige nach, konnte aber zu diesem Zeitpunkt weder Hakenkreuzfahnen noch Männer in Uniformen feststellen. Auch Gespräche mit dem Personal im ‚Haus des Sports‘ und mit dem Anrufer brachten keine weiteren Erkenntnisse. Darauf ging die Polizei wieder. Im Hinblick auf das, was anschließend geschah, wäre es sicher besser gewesen, dort zu bleiben. Die Ermittlungen, die jetzt geführt werden müssen, wurden durch Mitteilungen von Journalisten in Gang gebracht."
Und was danach geschah, aber auch schon vorher, war eine wahre Orgie mit Hakenkreuzen und „Heil Hitler".
Aufgrund der massiven Proteste aus dem In- und Ausland wurde die Ausweisung Laucks verfügt. Nichtsdestotrotz befand sich Lauck zwischenzeitlich wieder in der Bundesrepublik. Erst im April 1976 wurde er kurz vor Kontaktaufnahme mit der „NS-Kampfgruppe Mainz" festgenommen, verurteilt und ausgewiesen. Lauck hatte bei seiner Festnahme 20000 hakenkreuzbeschmückte Aufkleber bei sich: „Kauf nicht bei den Juden" und „NS-Verbot aufheben".
Die Aufkleber kenne ich gut, einige Dutzend habe ich selbst von Michael David erhalten.
Bald darauf finde ich auch Material über den 29jährigen Michael Borchardt, Herausgeber des „Reichsorgans der Faschistischen Front" mit dem Namen „Der Aufmarsch".
Borchardt schwebt ein Faschismus à la Franco vor. Die vor mir liegende Ausgabe von 1975 trieft nur so von Jubel und Glorifizierung des faschistischen Spaniens. Interessant ist der politische Lebensweg des Faschisten Borchardt: Bevor er unter die Faschisten ging, war er Mitglied der maoistischen „KPD/ML".
Auch Borchardt ist kein Einzelgänger mehr. Spätestens seit Frühjahr 1976 arbeitet er eng mit Wolf Dieter Eckart und damit mit Wübbels und der NSDAP zusammen. Der Kreis hat sich geschlossen.

Nazi-Provokation im Hamburger „Haus des Sports". Am 10. November 1974 gaben sich 100 Neonazis auf Einladung von Thiers Christophersen bei Hakenkreuzfahnen und Hitler-Bildern ein Stelldichein. Wilhelm Wübbels (rechts). Gary Rex Lauck (2. v. r.), ein unbekannter Gesinnungsfreund, und Wolf Dieter Eckart (links) posieren für die Fotografen. Die Polizei war zuvor unverrichteter Dinge abgezogen.

Ich ziehe das Fazit: Die angeblich so zersplitterten neonazistischen Organisationen arbeiten intimer zusammen, als es der „Verfassungsschutz" wahrhaben oder veröffentlichen will. Der Schluß liegt nahe, daß sie sogar über ein einheitliches Zentrum und einen gemeinsamen Arbeitsplan verfügen.
Denn es war bestimmt kein gemütlicher Skatabend, als sich im September 1976 etwa 50 Vertreter neofaschistischer Organisationen im Wiesbadener Vorort Klarenthal unter dem Decknamen „Schießclub e. V. Bocholt" versammelten.
Und trotz des personell aufgeblähten „Bundesamtes für Verfassungsschutz", dem jährlich Traumbeträge aus der Steuerkasse der Bürger zur Verfügung stehen, wirken die Neonazis weitgehend unbeschadet und trotz massenhafter Verstöße gegen geltende Gesetze meistens straffrei. Bei den Gerichten, die allerhöchstens der Öffentlichkeit nicht mehr zu verbergende faschistische Taten mit geringfügigen Geldstrafen oder Bewährungsstrafen ahnden, müssen das „Gesetz Nr. 8 des Alliierten Kontrollrates in Deutschland", das Bestandteil unserer Verfassung ist, und andere entsprechende Verordnungen gar nicht bekannt sein. Dort heißt es nämlich: „Schriftlich, mündlich oder anderweitig betriebene Propaganda oder Agitation, die darauf abzielt, militärischen oder nationalsozialistischen Geist oder derartige Einrichtungen zu erhalten, wieder ins Leben zu rufen oder zu fördern oder die Verherrlichung des Krieges zum Gegenstand machen, ist verboten."
Oder Artikel 9, Absatz 2 des Grundgesetzes: „Vereinigungen, deren Zweck oder deren Tätigkeit den Strafgesetzen zuwiderlaufen oder sich gegen die verfassungsgemäße Ordnung oder den Gedanken der Völkerverständigung richten, sind verboten."
Auch die Deutsche Bundespost, die linken Briefträgern mit Berufsverbot den Garaus machen will, ließ sich von den Neonazis für deren konspirative Tätigkeit bereitwillig mißbrauchen. Es bedurfte nachhaltiger Initiative von Antifaschisten, bis sie sich dazu durchrang, Nazi-Postfächer zu sperren. Denn sowohl Borchardt (Der Aufmarsch, 2000 Hamburg 50, Postlagerkarte Nr. 086514 A) und Eckart (Freundeskreis der NSDAP, Ing. W. D. Eckart, 2000 Hamburg 73, Postfach 349) konnten unter voller Organisationsangabe monatelang über diesen Weg Post und Propagandapakete bekommen.

Die letzte Runde

Freitag, 17. März. Es ist 20 Minuten nach sechs, es ist mal wieder soweit. Rein ins „Egerländer". Der Wirt winkt mir von weitem lässig zu. „Bier?"
„Klar!"
„Heil!"
„Heil Hitler!"
Christian, heute in alter Naziwehrmachtsjacke, klopft mir auf die Schulter.
„Ach, mal wieder im Lande?"
„Klar doch!"
Meine „Freunde" wissen, daß ich aus dem „Ruhrpott" komme und nur hin und wieder in Hamburg bin.
Meine erdichtete Lebensgeschichte vom Rausschmiß aus der Bundeswehr wegen krimineller Delikte bis zum Sozialpädagogikstudenten im ersten Semester und meiner bisher erfolglosen Suche nach Wohnung und Studienplatz in Hamburg haben sie ohne Zweifel, sogar mit Hochachtung und Anerkennung, gefressen.
Ja, sie wollen dem armen „Gerhard", dessen Nachnamen sie nicht einmal wissen wollten, bei der Wohnungssuche tatkräftig helfen.
„Du, ich hab da was für dich – zwei Zimmer mit Bad, 360 DM, ganz in der Nähe der Uni."
„Ich komme vielleicht drauf zurück. Aber ich habe etwas günstiges im Auge. Soll morgen vorbeikommen!"
Ich hocke mich zu Kühnen, David, Bons und Schwarz an einen Tisch. Brühwarm erzählt uns Kühnen abenteuerliche Geschichten aus Nürnberg:
„Die Veranstaltung mit Schönborn war eine gelungene Sache. Die Roten wollten zwar Putz machen, aber die Polizei hatte die Sache voll im Griff. Ich habe ein Grußwort vom ANS gehalten. Aber am nächsten Tag wurd' es noch besser. Wir sind zusammen mit meinem Auto zum Reichsparteitagsgelände gefahren, ich habe den beiden die ganze Sache mal gezeigt."
Tibor Schwarz führt die Erzählung fort.
„Und wißt ihr, wen wir da plötzlich treffen – Juden!
Zwei Juden, die mit so 'nem Sozi-Schwein angeblich 'nen Stadtbummel machen. Denen sind bald die Augen ausgefallen, als die uns gesehen haben. Wir haben natürlich noch ein paar Sprüche

gemacht, und da haben die glatt die Polizei geholt. Die haben aber nur die Personalien festgestellt und haben uns dann wieder laufen lassen. Aber diese dummen Juden-Gesichter hättet ihr sehen sollen."

Die ganze Runde lacht herzhaft. Tibor läßt Zeitungsausschnitte rumgehen:

„In schwarzen Uniformen, mit Hakenkreuz versehenen Koppelschlössern und in Schaftstiefeln haben am vergangenen Sonntag drei offenbar der rechtsextremistischen Wehrsportgruppe Hoffmann nahestehende Jugendliche im Alter zwischen 17 und 22 Jahren auf der sogenannten ‚Führer-Kanzel' der Arena des früheren Reichsparteitags posiert. Die Polizei schritt ein, nachdem sie vom SPD-Stadtrat und Mitglied der israelischen Kultusgemeinde Nürnbergs, Arno Hamburger, dazu aufgefordert wurde. Die drei Jugendlichen hatten gegenüber Hamburger und seinen Begleitern, zwei jüdischen Kaufleuten, die zum ersten Mal in der Bundesrepublik weilten, eine drohende Haltung eingenommen. Die Polizei nahm die drei Jung-Nazis zur Feststellung der Personalien fest."

„Da könnt ihr mal sehen, was wir sogar im Süden für eine gute Öffentlichkeitsarbeit machen. Wenn man uns nicht hätte." Michael Kühnen scheint mit diesem unvorhergesehenen Abenteuer zufrieden zu sein.

Ich komme mit Thomas Bons (auch Bohns oder ähnlich!) ins Gespräch. Der 22jährige Krankenpfleger arbeitete in einer Anstalt für geistig Behinderte. Er hat eine Vorliebe für lange, schwarze SA-Ledermäntel und Wehrmachtskampfjacken. Mit seinem kurzgeschorenen Haar, dem Oberlippenbart und seinem bulligen Körper sieht er nicht gerade vertrauenerweckend aus.

Er erzählt mir, wie er die NPD und die Jungen Nationaldemokraten langsam satt hatte, weil sie zu „lasch" waren, und krönt seinen Lebenslauf mit dem Satz: „Früher war ich Demokrat, heute bin ich Faschist!"

Dennoch hält er Kontakt mit JN-Mitgliedern und weiß von gemeinsamen Aktionen wie im vergangenen Jahr bei der verpatzten Rudel-Veranstaltung im Curio-Haus zu berichten.

Das ist allerdings kein Geheimnis, denn sogar der „Verfassungsschutz" mußte in seinem Jahresbericht 1976 erwähnen:

„In einigen Gruppen der Jungen Nationaldemokraten (JN) sind neonazistische, d. h. auf eine unveränderte Wiedererrichtung des NS-Staates abzielende Tendenzen unverkennbar. Wiederholt

wurde festgestellt, daß JN-Aktivisten bei Aktionen neonazistischer Gruppen mitwirkten."
Mit dieser Feststellung hat man allerdings ein Eigentor geschossen. Denn immer wieder tönt es aus den Zeitungen, es gäbe keine rechte Gefahr, denn die NS-Gruppen würden kaum über eine nennenswerte „Sympathisantenszene" verfügen. Wenn man zu den rund 18000 NPD- und JN-Mitglieder auch nur einen kleinen Teil der Mitglieder nationalistischer und revanchistischer Organisationen von der „Deutschen Volksunion" bis zu den „Landsmannschaften" der sogenannten „Vertriebenenverbände" hinzuzählt, erreicht man stattliche Zahlen.
Im „Egerländer" kann man allerdings heute abend nicht über stattliche Zahlen prahlen. Wir sind halb so viele wie beim letzten Mal. Zwölf sitzen um den Tisch: Kühnen, Grabsch, Worch, David, Schwarz, Bons und mit mir noch fünf weitere, deren Namen ich nicht kenne. Wir bekommen Besuch von einem Ehepaar, das besonders herzlich begrüßt wird. Es ist Edgar Geiss mit seiner Frau. Ihn hatte ich bereits auf der Veranstaltung der „Bauernschaft" Ende Februar gesehen. Geiss soll den Keller seines Hauses zu einer regelrechten Kultstätte nazistischer Orden, Bilder und Embleme ausgebaut haben. Er gilt als Verbindungsmann der „Deutschen Bürgerinitiative" des Manfred Röder zur „Aktionsfront", denn er ist in beiden Gruppen in leitender Funktion. Heute ist er dabei, weil es um die Organisierung eines Flugblatteinsatzes am morgigen Samstag in Harburg geht. Während noch die Einzelheiten der Verteilung besprochen werden, teilt Michael Kühnen gezielt Zeitungen aus. „Tut mir leid, ich habe im Moment noch nicht mehr. Ich fahre erst morgen wieder zum Lager und hole Nachschub." Ich gehöre zum Kreis derjenigen, denen er ein Exemplar in die Hand drückt.
Es ist die Nummer 24, Ausgabe Januar–Februar 1978, des „NS-Kampfruf, Kampfschrift der Nationalsozialistischen Deutschen Arbeiterpartei Auslands- und Aufbauorganisation".
„Nicht hier lesen. Steckt sie weg!"
Doch die Neugier ist größer als Kühnens Gebot.

Neues aus Nebraska

Die Seite 3 wird begierig gelesen, Kurznachrichten. Da stehts: „Hamburg".

„In letzter Zeit häufen sich ja die Nachrichten über die NSDAP/AO in den Zeitungen hier im westlichen Teil Deutschlands. Die langjährige Propagandatätigkeit wirkt sich wohl jetzt aus. Mit deutschem Gruß – Heil Hitler!"
Rings um mich strahlende Gesichter. Komplimente liest man gerne. Die Notiz darüber halte ich für bedeutsamer:
„Frankfurt. Z. Z.macht der Film über unseren Führer von C. Fest hier außerordentliche Furore, zwar enthält er viele Entstellungen, aber die eindrucksvollen Filmaufnahmen von Frau Riefenstahl, von den Parteitagen und der Führer bei seinen Reden faszinieren auch die Jugend von heute, wie ich bei meinem eigenen 13jährigen Sohn feststellen durfte. Es lohnt sich der Kampf! Heil Hitler!"
Nun hat Herr Fest also von passender Stelle eine kurze Belobigung seines Films erhalten. So manche alten und neuen Nazis werden bei diesem angeblich dokumentarischen und wertneutralen Film mit dem Prädikat „besonders wertvoll" nasse Augen und feuchte Finger bekommen haben.
Der Film ist besonders für junge Zuschauer durch die Verdrehungen und geschichtlichen Verfälschungen – und auch das Weglassen von historischen Wahrheiten ist eine Verdrehung – weniger abschreckend, sondern eher stimulierend. Aber damit nimmt man es hierzulande nicht so genau. Fest erhielt am 19. Dezember 1977 aus den Händen des Frankfurter Oberbürgermeisters das Verdienstkreuz am Bande des Verdienstordens der Bundesrepublik Deutschland. Die Ehrung des Bundespräsidenten wurde Fest für „besondere Verdienste um Staat und Volk" zuteil.
Unter dem Fest-Kompliment im NS-Kampfruf ist das Lied abgedruckt, das des öfteren aus den Offizierskasinos der Bundeswehr schallt. Immer dann, wenn rechte Offiziere meinen, unter sich zu sein und endlich mal das sagen und singen zu können, was sie eigentlich denken.

„Wenn bei Danzig die Rote Flotte im Meer versinkt,
und Marschall Gretschko in Bratislava vom Galgen schwingt,
ziehen die Grenis mit ihren Panzern in Moskau ein
endlich dann wird wieder Frieden in Europa sein
und von Zeit zu Zeit das alte Lied erklingt
bleib treu, bleib treu, bis die Friedensglocke singt."

Schriftleiter des NS-Kampfruf ist Gerhard Lauck, über dessen Adresse in Nebraska, USA auch Hakenkreuzfahnen (40,– DM),

Hakenkreuzaufkleber (1000 Stück 25,– DM) und Hakenkreuzabzeichen (10,– DM) zu haben sind.
„Nun ist gut, packt sie weg!"
Etwas feierlich fährt Kühnen fort: „Was haltet ihr davon, wenn wir uns einen Polizeibus zulegen?"
Staunen.
„Ich habe da ein sehr günstiges Angebot. Für 2900 DM können wir einen ausrangierten Polizeibus, das heißt so einen Mannschaftswagen, bekommen. Dann wären wir eine äußerst mobile Truppe."
So manche Augen werden feucht.
„Das ist eine tolle Sache. Dann sind wir auch im Nu bei Rohwer in Dörpstedt!"
Ich äußere Zweifel und reibe Daumen und Zeigefinger.
Kühnen versteht, was ich meine:
„Das Geld kriegen wir schon zusammen. Laßt uns mal zusammentragen, wieviel wir in der Gruppe zusammenkriegen."
Er kramt Zettel und Kugelschreiber aus seiner schwarzen Aktentasche.
„Edgar, wieviel?"
Edgar Geiss und seine Frau schütteln den Kopf.
„Wir sind gerade dabei, unser Haus zu renovieren. Nicht nur mit dem Kopf und mit den Händen viel beschäftigt, sondern auch mit dem Portemonnaie. Ihr wißt, ihr könnt euch auf uns verlassen. Aber ich will mich noch nicht festlegen."
„Michael?"
„200,– DM, vielleicht auch 300,– DM, aber erst in vierzehn Tagen."
„Thomas?"
„50,–"
„Tibor?"
„Zwischen 100,– und 200,– DM."
„Gerhard?"
„100,– DM auf jeden Fall, aber erst im nächsten Monat."
Kühnen selbst trägt sich mit „500,– DM" ein: „Den Rest kriegen wir schon über die Organisation zusammen."
Mit großen Geldsorgen scheint Kühnen keine schlaflosen Nächte zu verbringen. Ob für Flugblätter und Aufkleber, für das Anmieten von Lokalen oder weite Autofahrten – die nötigen finanziellen Mittel scheinen ohne Komplikationen vorhanden zu sein.
Da ist zum einen die Bereitschaft der einzelnen Mitglieder, das

Äußerste an finanziellen Beiträgen in den Dienst ihrer Sache zu stellen. Zum anderen liegt es nahe, wenn NS-Funktionäre wie Lutz Wegener Sparkassen überfallen, daß dieses Geld nicht in private Taschen fließt. Die dritte Geldquelle hat Kühnen in einem Fernsehinterview kurz angesprochen: „Wir haben eine Reihe von Einzelspendern, von den älteren Mitgliedern oder von älteren Menschen, die sich uns politisch verbunden fühlen, aber nicht offen in Erscheinung treten wollen."
Und es gibt heute schon eine Reihe finanziell gutgestellter und einflußreicher Kräfte, die mit einer neuen faschistischen Bewegung liebäugeln und sie sich als eiserne Reserve halten möchten. NSDAP/AO-Chef Laucks weiß es genau, wenn er behauptet: „Es gibt wichtige Kreise oder gar politische Mächte, die auf die Entstehung eines starken Deutschlands hoffen und die NS-Bewegung deshalb begrüßen. Eine massive finanzielle Unterstützung kommt aber erst dann in Frage, wenn eine feste NS-Organisation auf eigene Faust einen gewissen Grad an Macht und Prestige erkämpft hat."
Kühnen und seine Mannschaft, in Verbund mit Schönborn, Eckart, Christophersen und anderen, sind angetreten, dieses Ziel baldmöglichst zu erreichen.

Der Herr aus Österreich

Es ist schon fast 20.00 Uhr geworden. Edgar Geiss, seine Frau und einige andere sind schon gegangen. Kühnen hat wieder Einzelgespräche auf die Tagesordnung gesetzt.
Ich werde langsam unruhig. Schon um 19.00 Uhr sollte hier und heute elan-Chefredakteur Peter Bubenberger in der Tür stehen. Heute morgen hatte eine Kollegin aus der Redaktion telefonisch Kontakt zu Kühnen aufgenommen und ihm nach langem Hin und Her den Termin heute abend abgeschwatzt.
Natürlich nicht als „sozialistisches Jugendmagazin elan". Peter Bubenberger war als rasender Reporter einer österreichischen rechten Zeitung angekündigt worden. Wir hatten durchblicken lassen, daß er der NS-Bewegung äußerst positiv gegenüberstehe. Und es wäre ja allerhöchste Zeit, daß die Gesinnungsfreunde in Österreich endlich mal die Wahrheit über die neuen dynamischen nationalen Kräfte erfahren. Von wegen „Heim ins Reich" und dergleichen. Um 19.00 Uhr im „Egerländer" war ausgemacht.

Jetzt war es schon fünf Minuten nach acht.
Ich konnte mir denken, woran diese Verspätung lag.
Heute nachmittag waren wir im Landesbüro der SDAJ und hatten einige wesentliche Fragen nochmals durchgekaut.
Beim Rausgehen hörte ich einen kurzen Aufschrei und dann nur noch Flüche. Peter hatte sich den Zeigefinger an der Tür eingeklemmt. Die Fingerkuppe war eingeschnitten, die Wunde blutete stark.
Wir trennten uns. Während ich zum „Egerländer" fuhr, blieb Peter nichts anderes übrig, als einen befreundeten Arzt aufzusuchen. Es handelte sich um den praktischen Arzt Karl Rainer Fabig. Der Name dieses Arztes wäre hier nicht wesentlich, wenn es sich nicht um einen Antifaschisten handeln würde, der Monate später Opfer neonazistischer Anschläge wurde.
Zuerst wurden durch einen Brandanschlag sein Dienst-Pkw und sein Gartenhaus völlig verwüstet, und einige Tage später wurden er und seine Frau von Neonazis überfallen und krankenhausreif geschlagen.
Und es war ebenfalls Freitag nacht, als der bekannte Schriftsteller und DKP-Kandidat zur Bürgerschaftswahl Peter Schütt von zwei Neonazis im schwarzen Dreß in einer U-Bahn vor den Augen zahlreicher Mitfahrender mit einem Beil bedroht wurde.
Aufgestachelt von der aufgepeitschten Stimmung auf dem Gruppentreff der ANS, gezielt eingesetzt von Kühnen, werden es auch in diesem Fall die „Schwarzen Jungs vom Egerländer" gewesen sein, die mit Fanatismus und Brutalität sicherlich auch vor Mord und Totschlag nicht zurückschrecken würden.
Ich werde zunehmend nervöser.
Wenn Peter jetzt nicht bald kommt, wird er Prostituierte und Zuhälter antreffen können, aber nicht meine „Freunde". Dann aber steht er in der Tür, und mir fällt ein Stein vom Herzen.
„Sieht aus wie einer von 'ner Zeitung."
Thomas Bons deutet mit dem Kopf zur Tür.
Peter steuert auf unseren Tisch zu. „Entschuldigung, ich bin mit Herrn Kühnen verabredet."
Thomas steht auf. „Der ist gerade nach draußen gegangen, Moment bitte. Ich hole ihn."
Er kommt mit Kühnen zurück.
„Sie sind der Herr von der österreichischen Zeitung?"
Die beiden ziehen sich an eine Thekenecke zurück.

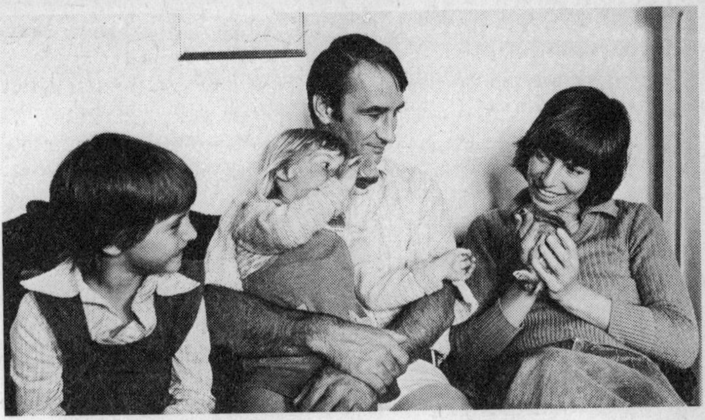

Opfer neonazistischer Überfälle: Die Hamburger Arzt-Familie Fabig. Viermal schlugen die bisher unbekannten Täter in den Nächten von Freitag auf Samstag zu. Immer nach den Treffen der „Aktionsfront Nationaler Sozialisten". Nach einer anonymen Morddrohung wurde zweimal hintereinander das gut verankerte Praxisschild aus dem Boden gerissen. Am 6. Mai 1978 wurde das Gartenhaus der Familie vollständig niedergebrannt und im ebenfalls abgeschlossenen PKW Brand gelegt. Ebenso bei einer anderen Familie in der Nähe, die gleichfalls als fortschrittlich bekannt ist. Vier Wochen später, am 2. Juni 1978, wurde das Ehepaar Fabig gegen Mitternacht bei der Fahrt nach Hause von vier jungen Männern überfallen und niedergeschlagen. Die Täter flüchteten in einem PKW mit dem Kennzeichen HH-AP-1541. Familie Fabig, Freunde und Bekannte sind überzeugt, daß es sich um Überfälle neonazistischer Organisationen handelt. Die Familie hatte in der Vergangenheit kein Hehl aus ihrer antifaschistischen Gesinnung gemacht.

Und während wir anderen uns mit unserem NS-Kampfruf be schäftigen, gewinnt Kühnen immer mehr Vertrauen zu dem selbsternannten „Deutschlandkorrespondenten" und „deutsch-österreichischen Gesinnungsfreund". Unter vier Augen vertraut ihm Kühnen an: „Wissen Sie, der Eindruck trügt, aber das soll er auch. Wir sind im ‚nationalen Lager' gar nicht so zersplittert, wie es scheint. Erst einmal kennen wir Führungsleute uns alle, von Nord bis Süd. Wir sind jederzeit in der Lage, auf einen Schlag und koordiniert zuzuschlagen. Wir beraten uns regelmäßig, stimmen unsere Aktionen ab. Wir bemühen uns, so unorthodox und verwirrend wie möglich zu operieren – das ist unsere Stärke.
Die sogenannten Sicherheitsorgane kennen nicht unsere Strategie der taktischen Schwenks. Mal Wahlbeteiligung, mal Aktion. Mal öffentliche Aktion, mal nachts zuschlagen.
Alles dient jetzt einem Ziel, der Stärkung unserer Organisation. Darauf kommt es jetzt an."
Sie kommen auf das Verhältnis geheimer, halblegaler, verschwörerischer und offener Arbeit zu sprechen.
Kühnen entwickelt ihr Konzept:
„Wir wollen eine totale Zulassung der NSDAP. Dazu brauchen wir den Krawall. Aber das reicht nicht. Schon mal was von ‚Initiativausschuß' gehört? Wenn ihr in der nächsten Zeit dieses Wort hört, dann wißt ihr: Das sind wir mit einer breiten Legalisierungskampagne für die NSDAP. Und noch eines: Die ANS – klare Sache, legale Sache. Wir haben auch die NSDAP – gleiche Führung, aber nur die guten Leute. Das ist der total illegale Teil der Arbeit."
Über Nachwuchsprobleme hat Kühnen keine Sorgen. Und er berichtet auch über Zugänge von Leuten aus den studentischen „Burschenschaften" und der „Deutschen Jugend des Ostens". Und von Maoisten. Peter tut überrascht: „Gibt es denn da keine Übergangsprobleme?" „Keine! Überhaupt nicht. Sie finden bei uns doch dasselbe. Wir stehen scharf gegen die Gewerkschaftsbonzen, gegen die DKP und gegen die Systemparteien. Nur, bei uns – da gibt es Kameradschaft, Nestwärme. Das brauchen die."
Nach zwanzig Minuten die Abschlußfrage: „Geld? Geld genug für die großen Pläne?"
Kühnen ist auf solche Fragen gefaßt:
„Wissen Sie, ich halte es wie der Krupp: Von Geld spricht man nicht, Geld hat man."
„Herr Kühnen, eine Bitte habe ich noch. Könnte ich ein Foto ma-

chen – von der Gruppe? Am besten am Tisch. Sie wissen doch, ohne Foto ist eine Story nur halb so glaubwürdig."
Kühnen lächelt: „Selbstverständlich!"
Zusammen mit Peter tritt er an unseren Tisch heran.
„Kameraden, das ist ein Freund von einer österreichischen Zeitung. Er möchte Fotos machen. Steht mal alle auf. Einige dürfen nicht mit auf das Foto."
Er wendet sich Peter zu: „Aus Sicherheitsgründen, verstehen Sie. Einige würden Ärger im Betrieb oder zu Hause bekommen."
Peter nickt. Unsere Blicke treffen sich. Er macht eine kaum bemerkbare Kopfbewegung Richtung Tisch.
Nur nicht drängeln, denke ich, ich komm schon noch aufs Foto.
Kühnen teilt ein: „Tibor, Christian, Thomas..."
Er mustert die einzelnen Leute, blickt mir ins Gesicht. Ich nehme ihm die Entscheidung ab, indem ich mit dem Kopf nicke. „... Gerhard. So das reicht dann!"
Er selbst setzt sich neben mich.
Durch den verbundenen Finger etwas unbeholfen, macht sich Peter am Fotoapparat zu schaffen.
„Tja, jetzt müssen wir uns irgendwie unterhalten", durchbreche ich das Schweigen am Tisch.
Es macht das erste Mal Klick.
„Vielleicht müssen wir auch dem Fotografen helfen. Der ist mit dem Finger beim Knipsen abgerutscht und kann jetzt nicht mehr auf den Auslöser drücken."
Es macht das zweite Mal Klick.
Peter lacht: „Nein, das war eine Tür."
Und es macht das dritte Mal Klick.
„Herzlichen Dank!" Er reicht Kühnen die Hand, macht ein höfliches Kopfnicken in unserer Richtung und verschwindet. „Was war das denn für ein Typ?" frage ich Kühnen.
„Von einer nationalistischen Zeitung aus Österreich. Steht uns aber sehr nahe. Macht eine Reportage über Nationalisten in Deutschland."
Es ist allgemeine Aufbruchstimmung. Für heute abend sind weder nächtlicher Einsatz noch DOM-Bummel angesagt.
Ich sage „Auf Wiedersehen", obwohl es kein Wiedersehen geben wird. Als ich den „Egerländer" verlassen habe, gehe ich geradewegs zum Hauptbahnhof, unserem verabredeten Treff.
Unser neues Kode-System brauche ich nicht anwenden.

Freitag, 17. 3. 1978: Treff der „Aktionsfront Nationaler Sozialisten“. Im Bild: Tibor Schwarz (links), Christian Grabsch, elan-Redakteur Jürgen Pomorin (Bildmitte), Michael Kühnen, Thomas Bons

NS KAMPFRUF

KAMPFSCHRIFT DER NATIONALSOZIALISTISCHEN DEUTSCHEN ARBEITERPARTEI AUSLANDS – UND AUFBAUORGANISATION

NUMMER 24 JANUAR-FEBRUAR 1978 (89)

Judas Kampf gegen die “Nazi Banden”

Kameraden, Parteigenossen der nationalsozialistischen Bewegung! In Zusammenarbeit mit den Obergauern des “Zentralrates der Juden in Deutschland” hat der Generalbundesanwalt und der Verfassungsschmutz einen einhundertzweiunddreissig Seiten umfassenden Plan ausgearbeitet mit der Zielsetzung, die “Nazi Banden” zu beseitigen. Diese Meldung, die dem Gewerkschaftsorgan “Welt der Arbeit” entstammt,

Nazi-Schrift – made in USA

Einfach nur gehen heißt nämlich: Alles in Butter! Treffpunkt! Doch es werden Stunden vergehen, bis meine Freunde und ich in trauter Runde vereint sind.
Denn aus ihnen unerklärlichen Gründen haben sie meinen Fortgang nicht bemerkt und waren bis nach Mitternacht auf ihrem Posten. Ob sie nicht doch ihre Augen bei der üppigen Blondine mit den schwarzen Stiefeln hatten?

Und danach?

Es gab gute Gründe, unser „Unternehmen Neonazis" an dieser Stelle abzubrechen. Es war uns in diesen Wochen gelungen, eine Menge bisher nicht bekannter Informationen über diese gefährlichste NSDAP-Tarnorganisation „Aktionsfront Nationaler Sozialisten" zu bekommen, persönliche Lebensläufe und Motive ihrer Mitglieder und Führer kennenzulernen. Wir haben ihre Pläne für Hakenkreuzschmierereien aus erster Hand miterlebt, konnten Einblick in das Zusammenwirken der verschiedensten und bundesweit verstreuten neonazistischen Organisationen erhalten. Wir erlebten, wie Funktionäre der NPD-Jugendorganisation Fürsprecher und Akteure militanter Aktionen gegen Antifaschisten sind und wie eng die NPD-Jugend mit den neonazistischen Terrorbanden verknüpft ist.
Das wesentliche an neuen Erkenntnissen war damit gesammelt. Jedes weitere Verbleiben in der ANS hätte die Gefahr eines Auffliegens und damit die Gefahr für mein Leben und meine Gesundheit nur vergrößert. Einer angekündigten Überwachung des NSDAP-eigenen Sicherheitsdienstes hätte meine Tarnung nicht standgehalten.
In der Mai- und Juniausgabe unseres Jugendmagazins elan haben wir die wesentlichsten Fakten und Tatsachen veröffentlicht.
Die darauffolgenden anonymen Anrufe in unserer Redaktion beweisen, daß meine „Freunde" nicht darüber beglückt waren: „Dich Kommunistenschwein legen wir um!"
„Das war das erste und letzte Mal, daß ihr Schmierfinken die Ehre des Führers besudelt." „Es kommt der Tag der Rache. Sieg oder Tod. Euch der Tod. Freiheit für die NSDAP!"
Nicht zuletzt angeregt durch die elan-Artikel über die Hamburger Nazi-Szene demonstrierten am 19. Mai über 4000 Hamburger

Bürger durch die Innenstadt und forderten Senat, Justiz und Polizei auf, endlich gegen neonazistische Umtriebe einzugreifen. Zur Demonstration hatten bekannte Hamburger Widerstandskämpfer, die Vereinigung der Antifaschisten und Naziverfolgten, der Landesjugendring, die Schülerkammer, die Deutsche Friedensgesellschaft/Vereinigte Kriegsdienstgegner, die Deutsche Friedensunion, die Deutsche Kommunistische Partei, die SDAJ und zahlreiche andere Organisationen und Einzelpersönlichkeiten aufgerufen.

Die heftigen Proteste gegen neonazistische Aktivitäten aus dem In- und Ausland zeigten auch bei den zuständigen amtlichen Stellen Wirkung.

Uwe Rohwer, Lutz Wegener, Frank Stubbemann und einige andere ANSler befinden sich noch in Haft.

Wolf Dieter Eckart wurde am 5. Juli von der Großen Strafkammer des Landgerichtes Hamburg zu zwei Jahren Freiheitsentzug wegen Volksverhetzung, Aufstachelung zum Rassenhaß und Aufforderung zu strafbaren Handlungen verurteilt. Der nach Brasilien geflüchtete Vorsitzende der „Deutschen Bürgergemeinschaft", Manfred Roeder, wurde in Brasilien zusammen mit dem inzwischen verhafteten ehemaligen stellvertretenden Kommandanten des NS-Vernichtungslagers Sobibor, Gustav Franz Wagner, gesehen. Eine Suchaktion läuft.

Pfingsten flog in Scharzfeld/Harz ein großangelegtes Nazitreffen auf, zu dem neben Kühnen und seinen Leuten Nazi-Prominenz aus dem ganzen Bundesgebiet angereist war. Unter ihnen Thies Christophersen und Dr. Wilhelm Stäglich.

Die ANS zog noch im April ihre Wahlkandidatur für die Bürgerschaftswahlen zurück. Ihre großangelegte Initiative scheiterte an fehlenden Unterschriften und, wie sie klagte, „fortgesetzten Diffamierungskampagnen gegen die ANS".

Trotz dieser Rückschläge in den letzten Wochen arbeiten die neonazistischen Organisationen mit verstärktem Fanatismus, ungebrochenem Optimismus und größeren Geldmitteln weiter.

Es ist für die Hamburger Polizei und Justiz bezeichnend: Die „Aktionsfront Nationaler Sozialisten" trifft sich noch freitags abends im „Egerländer", der kleinen Kellerkneipe, einen Steinwurf vom Hamburger Hauptbahnhof entfernt. Ende Juni wurden sie von Freunden dort wieder gesehen, mit schwarzen Schaftstiefeln, schwarzer Hose, schwarzer Jacke, das Koppelschloß mit SS-Runen

und handlangen Messern.
Und sie machen weiter von sich reden. Am 22. Juli 1978 führte die ANS nach langer Vorbereitung im schleswig-holsteinischen Dorf Lentföhrden eine „Hitler-Gedenkfeier“ durch, an der rund 100 Neonazis aus dem ganzen Bundesgebiet teilnahmen. Die alarmierte Polizei konnte sich erst nach mehrmaligem Versuch Eintritt in die verbarrikadierten Räume verschaffen. Die Neonazis lieferten der Polizei eine Saalschlacht, bei der rund 20 Beamte, einige darunter schwer, verletzt wurden. Michael Kühnen wurde vorübergehend festgenommen, aber schon nach 6 Tagen wieder auf freien Fuß gesetzt. Die Freilassung erfolgte, obwohl Kühnen zusammen mit Christian Worch erst am 11. Juli von einem Nürnberger Gericht wegen Volksverhetzung zu 10 Monaten Freiheitsstrafe zur Bewährung verurteilt wurde. Er hatte im Oktober 1977 mit 30 Neonazis eine Kranzniederlegung vor dem Justizgebäude durchgeführt, in dem Mitglieder der „Reichsregierung“ als Hauptkriegsverbrecher 1946 zum Tode verurteilt worden waren. Dort klebte er Hetzplakate mit der Aufschrift:
„Am 16. Oktober 1946 ermordete das jüdisch-bolschewistische Untermenschentum die deutsche Reichsregierung. Sie starb mit den Worten: ‚Es lebe Deutschland.‘ Ihr Leben, ihr Tod – unsere Verpflichtung. Der Kampf beginnt.“

„Hitler-Gedenkfeier“ am 22. Juli 1978 in Lentföhrden: Als die Polizei dem braunen Spuk ein Ende machen will, kommt es zu einer Saalschlägerei mit über 20 Verletzten. Kühnens Bande wird vorübergehend festgenommen.

Neonazistische Organisationen auf einen Blick

Namen, Fakten, Zusammenhänge

Über 150 neonazistische Organisationen treiben gegenwärtig in der Bundesrepublik Deutschland ihr Unwesen. Die folgende Aufzählung der bekanntesten und einflußreichsten Organisationen stützt sich vor allem auf den „Bericht über neonazistische Aktivitäten 1977", den der „Pressedienst Demokratische Initiative (PDI)" veröffentlicht hat, und auf Artikel der antifaschistischen Wochenzeitung „die tat". Wir haben diese Darstellungen teils wörtlich übernommen, teils um Erklärungen ergänzt.
Die Angaben sind dennoch unvollständig: Weder konnten die zahlreichen Traditionsverbände der Hitler-Wehrmacht erwähnt werden, noch gehören die auf dem Gebiet der BRD tätigen ausländischen faschistischen und Terrororganisationen wie die „Organisation Ukrainischer Nationalisten" hierher.
Die Namen vieler alter und neuer Nazis tauchen unter mehreren Organisationsbezeichnungen auf. Oft werden ältere, nicht mehr „zeitgemäße" Vereinigungen durch mehr Erfolg versprechende Neugründungen ersetzt oder ergänzt. Auch wenden sich die einzelnen Nazifunktionäre mit verschiedenen Organisationen an verschiedene Zielgruppen.
So verschieden all diese Parteien, Gruppen und Vereinigungen auch sein mögen, so haben sie doch eines gemeinsam: Jede einzelne von ihnen bricht, mehr oder weniger offen, tagtäglich unsere Verfassung. Wenn sie in einer Kluft auftreten, die der Uniform von SA oder Hitler-Jugend ähnelt; wenn sie Naziverbrechen verniedlichen und die Wiederzulassung der NSDAP fordern; wenn sie die Einschränkung der im Grundgesetz verbürgten Freiheiten verlangen; wenn sie die Gewerkschaften verleumden; wenn sie Hakenkreuze schmieren; wenn sie gegen die bestehenden Grenzen in Europa hetzen – all das sind Verstöße gegen das Grundgesetz der Bundesrepublik Deutschland. Und all das läßt nur eine Schlußfolgerung zu: Diese Organisationen müssen verboten und aufgelöst werden!

Aktion Oder/Neiße (Akon)

Die Akon wurde 1962 von Erwin Arlt und Dr. Gerhard Frey, dem Herausgeber der neonazistischen „Deutschen Nationalzeitung", gegründet. Sie hetzt gegen die Anerkennung der von der Antihitlerkoalition festgelegten Oder-Neiße-Linie als Grenze zwischen der Volksrepublik Polen und „Deutschland" (gemeint ist die DDR). Die Akon setzt sich, so heißt es in ihrem Programm, „für die Rückgewinnung der deutschen Ostgebiete ein und verzichtet auf keinen Quadratmeter deutschen Bodens, wie auch die NPD". Auf ihren Veranstaltungen trat in den sechziger Jahren auch der Nazischriftsteller Udo Walendy auf. Enge Zusammenarbeit besteht mit der „Deutschen Volksunion", der „Gemeinschaft Ostdeutscher Grundeigentümer" (also ehemaligen Großgrundbesitzern).

Erinnert sei daran: Im Moskauer Vertrag von 1970 hat sich die Bundesrepublik verpflichtet, alle bestehenden Grenzen in Europa, darunter auch jene zwischen Polen und der DDR, „vorbehaltlos" anzuerkennen. Und: Nach Artikel 26 des Grundgesetzes sind alle Bestrebungen verfassungswidrig und zu unterdrücken, die der Vorbereitung eines Angriffskrieges dienen und zur Störung des friedlichen Zusammenlebens der Völker führen könnten.

Aktionsfront Nationaler Sozialisten (ANS)

Diese Tarnorganisation der NSDAP wurde am 26. November 1977 in Hamburg gegründet. Vorläufer war der „Freizeitverein Hansa", der seit Frühjahr 1977 mit Hakenkreuzschmierereien und Überfällen auf Antifaschisten von sich reden machte. Die Führer der „Hansa-Bande", der Exbundeswehrleutnant Michael Kühnen, Lutz Wegener und Tibor Schwarz, wurden bei Hakenkreuzschmierereien im September 1977 auf frischer Tat ertappt. In ihrer Wohnung wurde ein Lager mit Waffen und Nazimaterial gefunden.

Die „Aktionsfront Nationaler Sozialisten" hat enge Verbindungen zur „Bauernschaft" des Thies Christophersen, der „Wehrsportgruppe Rohwer" und dem „Kampfbund Deutscher Soldaten". Kühnens Stellvertreter Lutz Wegener und andere Mitglieder der ANS befinden sich z. Z. wegen eines Bankraubs und eines Überfalls auf ein holländisches Soldatenbiwak in Haft.

Hamburg, Mai 1978: Die „Aktionsfront Nationaler Sozialisten" startet unter der Leitung von Edgar Geiss und Michael Kühnen eine neue Provokation. Mit Eselsmasken ziehen sie durch den Hauptbahnhof: „Ich Esel glaube noch, daß in Deutschland Juden vergast wurden!"

Aktionsgemeinschaft Nationales Europa (ANE)

Gründung: 1. Oktober 1977 in Nürnberg; Gründer sind der Vorsitzende des „Kampfbundes Deutscher Soldaten" (KDS), Erwin Schönborn, die „Vereinigung Verfassungstreuer Kräfte" (VVK) und die Bewegung für ein „Neues Nationales Europa" (NNE). Die ANE betrachtet sich als „Sammlungsbewegung aller nationaler und konstruktiver Kräfte, um für die Direktwahl zum Europaparlament (West) den etablierten, destruktiven und kommunistischen Parteien der Bundesrepublik eine einzige Liste entgegenzusetzen". In einem Flugblatt der ANE heißt es: „Wer heute noch... behauptet, in einem deutschen KZ sei auch nur ein einziger Jude ‚vergast' worden, ist entweder ein Dummkopf oder ein Verbrecher."

Arbeitsgemeinschaft der Reservisten, Soldaten und Traditionsverbände (ARST)

Diesem 1969 gegründeten Dachverband gehören nach eigenen Angaben 350000 ehemalige Soldaten an. Die ARST wendet sich u.a. gegen die Auffassung von der „Kollektivschuld" aller Deutschen an den Verbrechen des Hitler-Reiches, von denen man sich zumindest in Worten distanziert.
Anzumerken ist: Niemand behauptet heute ernsthaft, alle Deutschen seien am Faschismus schuldig gewesen. Die Hitler-Partei wurde von den Bossen der Großindustrie an die Macht gebracht, um die Arbeiterbewegung (SPD, KPD, Gewerkschaften) zu zerschlagen und einen Eroberungskrieg gegen die Länder Europas zu führen. Viele Deutsche unterschiedlichster Weltanschauung und politischer Überzeugung haben aktiven Widerstand gegen das Naziregime geleistet und mit jedem Flugblatt und jeder Geldspende für Verfolgte ihr Leben riskiert.
Aber die ARST hat nicht vor, die Erinnerung an den Widerstand wachzuhalten. Vielmehr will sie, auf mangelnde Geschichtskenntnisse vieler Menschen spekulierend, mit dem Märchen von der angeblichen „Unterdrückung der Deutschen" auf Dummenfang gehen.

Arbeitskreis Volkstreuer Verbände (AVV)

Den demokratischen Parteien und Organisationen, die für eine Friedens- und Verständigungspolitik vor allem mit den östlichen Nachbarn unseres Landes eintreten, wird von den Neonazis gern „nationaler Verrat“ vorgeworfen. Der AVV wurde 1965 von dem ehemaligen SA-Führer* und Nazidichter Herbert Böhme gegründet. Aus der AVV ging die „Aktion W“ (= Widerstand) hervor, die mit gewaltsamen Aktionen und Mordparolen („Brandt an die Wand“) gegen die Verständigungspolitik der Regierung Brandt/Scheel auftrat und die Gewaltverzichtverträge der Bundesrepublik mit der UdSSR und Polen als „Verkauf deutschen Bodens“ verleumdete.
Die AVV hat in Bassum bei Bremen eine „Deutsches Arbeitszentrum“ genannte Schulungsstätte, auf der Jungnazis für ihre Propagandatätigkeit in und vor Schulen gedrillt werden. Der heutige AVV-Chef Manke war 1972 Bundestagskandidat der NPD.

* SA (= Sturm-Abteilung): Militärisch organisierte Schlägertruppe der Hitler-Partei. Vor 1933 verübten SA-Leute zur Einschüchterung der demokratischen Arbeiter zahlreiche Mordanschläge. Bei Hitlers Machtantritt wurde die SA als „Hilfspolizei“ eingesetzt: Sie stürmte die Büros von Gewerkschaften, SPD und KPD. Viele Antifaschisten wurden von der SA verhaftet, gefoltert und ermordet.
Die SA köderte bei der Mitgliederwerbung viele Arbeitslose mit antikapitalistischen Parolen und der Aussicht auf regelmäßige Mahlzeiten und warme Kleidung. Sie wurde 1934 u. a. auf Drängen der Reichswehr, die kein Konkurrenzunternehmen dulden wollte, entmachtet.

Bund der Vertriebenen (BdV)

In den Konferenzen von Teheran (1943) und Jalta (1945) legten die gegen Hitler verbündeten Länder USA, England und UdSSR auch die europäischen Nachkriegsgrenzen neu fest. Einige Gebiete, in denen auch oder vor allem Deutsche gewohnt hatten, wurden nun zu Teilen des Staatsgebiets der UdSSR, Polens und der ČSR. Viele Menschen, vor allem solche, die keine neue Staatsangehörigkeit annehmen wollten, mußten umsiedeln. Ein großer Teil von ihnen wurde in der Bundesrepublik Mitglied von „Landsmannschaften“, die im Bund der Vertriebenen zusammengefaßt sind. Zu den

rund zwei Millionen Mitgliedern des BdV gehören heute zahlreiche junge Menschen, die selbst erst in der BRD geboren sind und Schlesien oder Ostpreußen nie gesehen haben.
Mit den Gefühlen dieser Menschen haben reaktionäre Politiker seit Kriegsende immer wieder Schindluder getrieben. Unter der zugkräftigen Losung vom „Recht auf Heimat“ wurden Rachegefühle und Wiedereroberungsgedanken geschürt und wachgehalten. Die Funktionäre des Bundes der Vertriebenen gehörten zu den schärfsten Gegnern einer Verständigungspolitik mit den Staaten Osteuropas. Dazu gehören: Walter Becher, CSU-Bundestagsabgeordneter, Sprecher des BdV (in der Nazizeit hat Becher, der heute enger Mitarbeiter von F. J. Strauß ist, in der NSDAP-Gauzeitung „Die Zeit“ antisemitische Hetzartikel verfaßt); Siegfried Zoglmann, CSU-Mitglied, früher Funktionär der „Reichsjugendführung der Hitlerjugend“ in der besetzten Tschechoslowakei; Franz Ohmann, Präsident der Bundesversammlung des BdV, 1939/40 Mitarbeiter der Gestapo* im besetzten Prag.

*Gestapo (= Geheimes Staatspolizeiamt): Die politische Polizei der Nazis, die Tausende von Hitler-Gegnern gequält und ermordet hat.

Bund Heimattreuer Jugend (BHJ)

Der BHJ wurde um 1960 von Herbert Böhme gegründet. Der BHJ setzt die Tradition der Hitlerjugend fort: Die Mitglieder tragen hitlerjugendähnliche Kleidung und werden in Schulungen und Geländespielen geistig und körperlich stramm nazistisch gedrillt. Ehrenmitglied der BHJ: der faschistische Kriegsheld Rudel. Dieser Rudel wurde von der Nazipropaganda, die Nachwuchs für die Hitler-Wehrmacht warb, als Vorbild der Jugend gefeiert. Mit seinen „Heldentaten“ hat er dazu beigetragen, daß die Hitler-Wehrmacht unsere europäischen Nachbarn überfallen und unterdrücken konnte. Über diesen „Helden“ heißt es im BHJ-eigenen „Jugend-Pressedienst“ (JPD): „Seine klare Haltung, sein beispielhafter Einsatz, sein unerschrockener Mut und seine Kameradschaft sind uns leuchtendes Vorbild. Das war gestern so, das ist heute so, und das wird auch in aller Zukunft so sein.“
Enge Zusammenarbeit besteht u. a. mit dem „Deutschen Kulturwerk europäischen Geistes“ (DKeG) und dem „Arbeitskreis

Volkstreuer Verbände“ (AVV). Langjähriger „Bundesführer“ des BHJ ist Gernot Mörig.

Deutsche Bürgerinitiative

Gründung: 1972; Gründer: das ehemalige CDU-Mitglied Rechtsanwalt Manfred Roeder, der im Laufe der Jahre wegen seiner offen faschistischen Politik mit den Gesetzen der Bundesrepublik Deutschland und Österreichs in Konflikt geriet. Er leugnet die Verbrechen der Nationalsozialisten an Juden, sagt von der Demokratie, sie sei „ein Schlagwort zur Verdummung des Volkes, Demokratie ist Terror“, und will den „Sex- und Kulturterror“ brechen. Roeder arbeitet eng zusammen mit Thies Christophersens „Bauernschaft“, mit der „Wehrsportgruppe Hoffmann“ und Erwin Schönborns „Kampfbund Deutscher Soldaten“ (KDS).

Deutsche Jugend des Ostens – Deutsche Jugend in Europa

Als Nachwuchsorganisation der Landsmannschaften hat sich die DJO das Ziel gesetzt, Jugendliche im Revanchegedanken gegenüber den sozialistischen Staaten zu erziehen. Die DJO ist Mitglied im Deutschen Bundesjugendring und konnte sich bisher nur knapp dem Ausschluß wegen ihrer revanchistischen Tätigkeit entziehen. Der DJO fließen aus der Staatskasse Hunderttausende DM zu. In den Stadtjugendringen boykottiert sie die Aufnahme fortschrittlicher Jugendorganisationen und widersetzt sich demokratischer Jugend- und Jugendbildungsarbeit.

Deutsche Volksfront (DV)

Gründung: 1977; Initiator dieser „Sammlungsbewegung“ ist Hans Hertel: „Die DV ist der Name, unter dem alle Patrioten für die nationale Freiheit kämpfen... Solange die nationale Selbstaufgabe von den westlichen Doktrinären zur Voraussetzung einer Zusammenarbeit gemacht wird, beraubt sich der Westen der besten Kräfte, die er zur Abwehr des Bolschewismus braucht... Wir brauchen eine ‚Bürgerinitiative für Deutschland‘, den Aufstand von unten,

„DJO – Deutsche Jugend in Europa“: Die Mitglieder sind in der Bundesrepublik Deutschland geboren und aufgewachsen. Unter der Leitung von Reaktionären und Revanchisten werden sie auf der entspannungsfeindlichen Linie der Landsmannschaften gehalten und zu Kämpfern für ein „Großdeutschland“ gedrillt.

der die Funktionäre aller Parteien und Organisationen zwingt, Deutschland, das ganze Deutschland, an die Spitze ihrer Tagesordnung zu setzen...“

Deutsche Volksunion (DVU)

Gründung: 1971; Gründer u. a.: Dr. Gerhard Frey und Erwin Arlt. Ein Punkt aus dem „Aktionsprogramm“ der DVU besagt u. a.: „Deutschland den Deutschen! ... Die Auswahl der Gastarbeiterschaft, wobei verwandte Kulturkreise zu bevorzugen sind, muß mit größter Sorgfalt erfolgen. Kriminelle, Kommunisten und Anarchisten sind abzuweisen bzw. abzuschieben.“
Die DVU kämpft vor allem gegen die „6-Millionen-Lüge“ von der Judenvernichtung und wäscht in ihren Propagandaschriften den Faschismus von allen seinen Verbrechen rein.

Wegen ihrer antisemitischen* und volksverhetzenden Politik wurden 1977 mehrere Veranstaltungen der DVU, oft erst nach Protesten antifaschistischer Organisationen, verboten.

*Antisemitismus: Eine rassistische, menschenverachtende Theorie, nach der Menschen jüdischer Herkunft „minderwertig" seien. Mit der Behauptung, „die Juden" seien schuld an allem Unglück (z.B. der Arbeitslosigkeit), haben die Nazis den Mord an über 6 Millionen Menschen jüdischer Herkunft oder jüdischen Glaubens „begründet". Ihr Vermögen haben sich Naziorganisationen oder Naziführer angeeignet.

Deutsches Kulturwerk europäischen Geistes (DKeG)

Bereits 1950 von dem ehemaligen „Reichsfachschaftsleiter für Lyrik" in der „Reichsschrifttumskammer" der Nazis, Herbert Böhme (vgl. Arbeitsgemeinschaft Volkstreuer Verbände), gegründet. Auf den Veranstaltungen des Vereins dürfen ehemalige Nazigrößen ihre früheren Untaten verherrlichen, so Rudolf Jordan („Reichsstatthalter" der Nazis und „Gauleiter" von Magdeburg) und Hans-Ulrich Rudel.
In einigen Berichten des Bundesamtes für Verfassungsschutz wird das DKeG als rechtsradikal eingestuft. In Bayern ist es förderungswürdig, d.h., Spenden sind steuerfrei.
Vorsitzender der Gesellschaft ist einer der höchsten Richter in Bayern: Karl-Günther Stempel, Richter am Obersten Landesgericht in München.

Freiheitlicher Rat

Gründung: 1972; Gründer: Erwin Arlt, Dr. Gerhard Frey, Alfred E. Manke, Dr. Siegfried Pöhlmann und Prof. Bertold Rubin. Der „Freiheitliche Rat" ist ein Sammelbecken verschiedener rechtsradikaler Organisationen; angeschlossen sind: Die „Deutsche Volksunion" (DVU), die „Aktion Oder/Neiße" (Akon), der „Deutsche Block" (DBl), der „Jugendbund Adler" (JBA); der „Stahlhelm – Kampfbund für Europa", die „Wiking-Jugend" (WJ) und der „Arbeitskreis Volkstreuer Verbände" (AVV).
Vorsitzender ist Dr. Gerhard Frey, von dem der „Freiheitliche Rat" politisch, publizistisch und finanziell abhängig ist.

Gemeinschaft ostdeutscher Grundeigentümer

Gründung 1970 im Rahmen einer „verfassunggebenden Nationalversammlung des deutschen Ostens"; Gründer: Gesinnungsfreunde von Dr. Gerhard Frey, Terroristen der „Aktion Widerstand" („Brandt an die Wand"), ehemalige Großgrundbesitzer, Adlige und Funktionäre der Landsmannschaften; im Organ der GOG, „Das vertriebene Landvolk", hieß es 1971 über die Zielsetzung: „Zentrales Problem: die Notverwaltung als Treuhänder für das Deutsche Reich anstelle der BRD..."
Der GOG angeschlossen ist die „Notverwaltung des Deutschen Ostens" (NDO); Repräsentanten sind u.a. Bolko Freiherr von Richthofen und Prof. Fritz Münch, die zu den Chefideologen der Landsmannschaften zählen.

Hilfsgemeinschaft auf Gegenseitigkeit der Soldaten der ehemaligen Waffen-SS e.V. (HIAG)

Die SS – sie trug den schönfärberischen Namen „Schutz-Staffel" – war bereits vor 1933 neben der SA als besonders „zuverlässige" Bürgerkriegstruppe gegründet worden. Während die SA eher ein Sammelbecken für politisch Orientierungslose war, die mit sozial klingenden Parolen angeworben wurden, sollte die SS „ein nach besonderen Gesichtspunkten ausgewählter Verband deutscher, nordisch-bestimmter Männer" sein, als deren „erstrebtes Ziel" die Schaffung einer „erbgesundheitlich wertvollen Sippe deutscher Art" benannt wurde.
In der Vorbereitung und Durchführung des 2. Weltkrieges wurde innerhalb der SS die „Waffen-SS" gebildet: eine politisch und militärisch besonders gedrillte Armee, die nicht dem Oberbefehl der Wehrmacht, sondern dem des „Reichsführers SS" (Himmler) unterstand. Die Waffen-SS bewachte die Konzentrationslager, und viele ihrer Angehörigen wurden nach 1945 als Massenmörder und sadistische Menschenquäler verurteilt.
In den von Hitler-Deutschland besetzten Ländern wurde vor allem die Waffen-SS zur Zwangsverschleppung von Arbeitssklaven eingesetzt, die in Deutschland in der Kriegsproduktion arbeiten mußten. „Strafaktionen" gegen die Zivilbevölkerung der unterdrückten Länder, so die Vernichtung der Orte Lidice (Tschechoslowa-

Foto oben: Die Blutspur der SS zieht sich durch viele Länder. In der ČSR (Lidice, unser Foto) und in Frankreich (Oradour) machte die SS Kleinstädte dem Erdboden gleich und rottete die gesamte Bevölkerung aus.

Foto unten: Traditionspflege à la Bundeswehr. Einheiten der Bundeswehr werden als Ehrenkommando zu den Treffen der ehemaligen SS-Mörder abkommandiert.

kei) und Oradour (Frankreich) und die Ermordung ihrer Einwohner waren die „Spezialität" dieser Mörderarmee. Und gegen Kriegsende sorgten sie mit rücksichtsloser Brutalität dafür, daß kriegsmüde gewordene Soldaten der „normalen" Wehrmacht bis zur letzten Patrone weiterkämpften und sinnlos in den Tod gingen. War die SS ursprünglich ein Freiwilligenverband, so wurden zur Auffüllung ihrer Verluste in der letzten Kriegsphase auch Wehrpflichtige zum Dienst in der Waffen-SS gezwungen. Vor dem Internationalen Militärtribunal in Nürnberg (1945/46) wurde die SS als verbrecherische Organisation verurteilt. Sie und die Schaffung von Nachfolgeorganisationen wurden verboten. Dieses Verbot gilt gemäß dem Artikel 139 des Grundgesetzes noch heute.
Doch schon 1951 konnte in der BRD die HIAG gegründet werden: angeblich, um die Schicksale vermißter „Kameraden" zu klären. Die HIAG hat zahlreiche Kreis- und Ortsverbände, die regelmäßig zusammenkommen. Neben der „Traditionspflege" widmet man sich der „Ehrenrettung" der Waffen-SS: Ihre Angehörigen möchten wie „normale" Soldaten, wie Angehörige eines vierten Wehrmachtteils (neben Marine, Luftwaffe und Heer) anerkannt und von ihren gemeinsam begangenen Verbrechen freigesprochen werden. Wie stolz die HIAG auf ihre Verbrechertradition ist, zeigt bereits der Name ihrer Verbandszeitschrift: „Der Freiwillige". Dadurch wird der Gegensatz zu den Wehrmachtssoldaten, die ja „nur" Wehrpflichtige waren, herausgestellt.
An den öffentlichen Totenehrungen der HIAG nehmen häufig Landes- und Kommunalpolitiker sowie Abordnungen der Bundeswehr teil. Einer der aktiven HIAG-Leute ist Mitglied der CDU-Fraktion im Bundestag: Hans Wissebach.

Junge Nationaldemokraten (JN)

Gründung: 1967; die JN ist die Jugendorganisation der „Nationaldemokratischen Partei Deutschlands" (NPD). Die „Jungen Nationaldemokraten" betrachten sich als „Speerspitze des kommenden, besseren, moderneren Gesamtdeutschlands". Sie gelten als aktiver als die NPD und haben in Gegensatz zu ihr an Bedeutung und Mitgliederstärke mehr und mehr gewonnen. Der Bericht des Bundesamtes für Verfassungsschutz 1976 erklärt: „In einigen Gruppen der JN sind neonazistische, d. h. auf eine unveränderte Wiedererrichtung des NS-Staates abzielende Tendenzen unverkennbar.“ Bundesvorsitzender ist Gösta Thomas.

„Junge Nationaldemokraten“ in Hamburg: In der Hand die JN-Fahne, dahinter „Heil Hitler“. Die Alten sorgen schon dafür, daß aus den Jungen stramme Nazis werden.

Kampfbund Deutscher Soldaten

Gründung 1975 als Nachfolgeorganisation des „Frankfurter Kreises Deutscher Soldaten“ (FKDS) von Erwin Schönborn, der bei der Gründungsversammlung erklärte: „Wir sind Nationalsozialisten gewesen, wir bleiben Nationalsozialisten.“ Das Programm des KDS sieht u. a. vor: „Kampf um Wiederherstellung der Grenzen des Deutschen Reiches, Durchsetzung der Prinzipien des Volkstums, Bestrafung aller Widerstandskämpfer als Volksverräter, Freilassung von Rudolf Heß, Widerlegung der Lüge über die Massenverbrechen von Auschwitz.“

Aus dem „Kampfbund Deutscher Soldaten“ ging 1977 die „Bürgerinitiative für die Todesstrafe und gegen Pornographie und Sittenverfall“ hervor.

Der KDS hat enge Kontakte zur „Vereinigung Verfassungstreuer Kräfte“ (VVK), zur „Wehrsportgruppe Hoffmann“, zur „Bauern-

schaft“ von Thies Christophersen und zur „Deutschen Bürgerinitiative“ von Manfred Roeder.
Vorsitzender des KDS ist Erwin Schönborn.

Ausbildungslager der neonazistischen NPD in Kamen. Hier werden junge und alte Nazis für ihren Einsatz gegen Antifaschisten getrimmt.

Nationaldemokratische Partei Deutschlands (NPD)

Die im November 1964 gegründete NPD rechtfertigt die Verbrechen des NS-Regimes und fordert die Wiederherstellung des „Großdeutschen Reiches“. Ende der sechziger Jahre wurde sie zum Sammelbecken reaktionärer und nationalistischer Kräfte und konnte in viele Landtage einziehen. Der Sprung über die 5-Prozent-Klausel und damit der Einzug in den Bundestag konnte durch die Aktivitäten fortschrittlicher Organisationen verhindert werden. Mitte der siebziger Jahre verlor die NPD stark an Mitgliedern und Einfluß. In den letzten Monaten gebärdet sich die NPD wortradikaler und versucht, aus der verstärkten Kritik an den Bundestagsparteien politisches Kapital zu schlagen. So proklamiert sie: „Wir sind die Träger des Widerstandswillen gegen Ausbeutung,

Umerziehung und Volksmord. Die Kräfte für diesen fürchterlichen Kampf ziehen wir aus unserem Vorbild Rudolf Heß."*
Der NPD wurden mit Einwilligung des Bundesfinanzministeriums im Januar 1978 rund 800000 DM bis zur Bundestagswahl 1980 gestundet. Es handelte sich dabei um Haushaltsgelder, die der NPD für ihren Wahlkampf 1972 zur Verfügung gestellt worden waren. Vorsitzender der NPD ist der Rechtsanwalt Mußgnug, der im Jahr 1977 den Terroristen und „Wehrsportgruppen"-Chef Karl-Heinz Hoffmann vor Gericht vertrat.
Mitglieder der NPD und der Jugendorganisation „Junge Nationaldemokraten" waren an zahlreichen Überfällen auf Antifaschisten beteiligt. Einige sympathisieren offen mit faschistischen Banden, so mit der „Aktionsfront Nationaler Sozialisten" in Hamburg.
Internationales Aufsehen und Proteste erregte im Frühjahr 1978 ein Urteil des Verwaltungsgerichtshofes Mannheim. Die NPD, heißt es dort, sei nicht verfassungwidrig; denn es sei nicht erwiesen, „daß sie aktiv, kämpferisch, planvoll auf die Beeinträchtigung oder Beseitigung der freiheitlichen demokratischen Grundordnung ausgeht". Ist es ein Zufall, daß dieses Urteil in jenem Bundesland gefällt wurde, in dem der ehemalige Nazi-Richter Filbinger bei Drucklegung dieses Buches noch immer Ministerpräsident ist?

*Rudolf Heß war Stellvertreter Adolf Hitlers und ist seit 1945 inhaftiert. Erst kürzlich rechtfertigte er seine Verbrechen mit den Worten „Ich bereue nichts!".

Nationalsozialistische Deutsche Arbeiterpartei – Auslandsorganisation (NSDAP/AO)

Eine neonazistische Gruppierung mit Namen NSDAP tauchte erstmals 1970 in München auf. Seit 1974 ist in der Bundesrepublik eine sogenannte „Nationalsozialistische Arbeiterpartei – Auslandsorganisation" (NSDAP/AO) aktiv, die als Sitz eine Adresse in den USA angibt. Ihre „Kampfschrift", der „NS-Kampfruf", versehen mit NS-Emblemen (Hakenkreuz, Eichenkranz, Hitler-Bild) wird in der BRD an Abonnenten und Sympathisanten verteilt. Flugblätter der NSDAP/AO enthalten Parolen wie „Rotfront verrecke", „Aufhebung des NSDAP-Verbots", „Keine Stimme den jüdischen Parteien" und „Kauft nicht bei Juden".

Leiter der NSDAP/AO ist der US-Amerikaner Gary Rex Lauck, der sich in den vergangenen Jahren wiederholt zum Aufbau seiner Organisation im Bundesgebiet aufhielt, obwohl er bereits 1974 vom Hamburger Innensenator ausgewiesen worden war.
Auf Veranstaltungen der neonazistischen Gruppen „Deutsche Bürgerinitiative“ (Manfred Roeder) und „Bürger- und Bauerninitiative“ (Thies Christophersen) referierte Lauck zum Thema „Warum Hitler in Amerika noch immer populär ist“.
Lauck unterhält Verbindungen zu militanten neonazistischen Gruppen in mehreren europäischen Ländern und unterstützt den Aufbau von „NSDAP“-Gruppen in der Bundesrepublik. In den USA unterhält er ein Versandunternehmen für faschistisches Material. Es ist anzunehmen, daß Lauck lediglich als „offizielles Aushängeschild“ fungiert, während die Führung und Zentrale in den letzten Jahren in die Bundesrepublik verlagert wurden.

Neues Nationales Europa (NNE)

Gründung 1977 anläßlich des „Europa-Kongresses“ der „Vereinigung verfassungstreuer Kräfte“ (VVK). Ziel des NNE ist „ein Antreten aller lebensgesetzlich denkenden, national-unabhängigen und der Zukunft unseres Volkes und der Menschheit verpflichteten Kräfte auf einer Wahlliste zu den Europa-Wahlen zu erreichen“. Initiator und hauptverantwortlich für die Aktivitäten des NNE ist Erwin Schönborn vom „Kampfbund Deutscher Soldaten“.

Notverwaltung des Deutschen Ostens (NDO)

Gründung: 1970. Die NDO ist ein Rechtsableger des „Bundes der Vertriebenen“ (BdV). Sie wirft den etablierten und an sich schon rechtsstehenden Landsmannschaften vor, nicht entschieden genug gegen die Ostpolitik der Bundesregierung vorzugehen.
Die rechtsradikale Splittergruppe, die CSU- und NPD-Mitglieder umfaßt, wirbt mit dem kernig-altdeutschen Spruch „Keyn Unglück ewigk“. Die NDO ist eng mit der „Gemeinschaft Ostdeutscher Grundeigentümer“ (GOG) verknüpft.
NDO-Sprecherin ist Anneliese Schepke, Präsident Erich Lipok. (Siehe auch unter „GOG“.)

Stahlhelm-Kampfbund für Europa

1918 gegründeter deutschnationaler „Wehrbund", der an der Niederschlagung von Arbeiteraufständen während der Weimarer Republik teilnahm. Der Stahlhelm-Führer Seldte gehörte 1933 zur ersten Hitler-Regierung.
1950 unter dem Namen „Bund der Frontsoldaten" wiedergegründet, trägt der Verband heute den modischer klingenden Namen „Stahlhelm-Kampfbund für Europa". Der „Bundesführer" des „Stahlhelms", Paul Koch, lebt in Düsseldorf.

Unabhängige Arbeiter-Partei (UAP)

Gründung: 1962; die UAP versteht sich als „Kampfpartei für den demokratischen freiheitlichen Sozialismus deutscher Nation", wobei sie militant antidemokratisch und antikommunistisch ausgerichtet ist. In unregelmäßigen Abständen gibt sie eine „Reichs-Arbeiter-Zeitung" heraus. Zusammenarbeit besteht mit der „Blauen Adler-Jugend", dem „Jungdeutschen Bund", der „Vereinigung Deutsche Nationalversammlung" und der „Solidaristischen Volksbewegung". Kontaktgespräche werden mit der „Aktionsgemeinschaft Nationales Europa" (ANE) geführt.
Vorsitzender der UAP ist seit vielen Jahren Erhard Kliese.

Wehrsportgruppe Hoffmann

Paramilitärische Gruppe, in der Karl-Heinz Hoffmann etwa seit Anfang 1974 im Raum Nürnberg Jugendliche uniformiert, an Waffen und militärischem Gerät ausbildet, in faschistischer Ideologie drillt und für Veranstaltungen einsetzt. Im Laufe der Jahre kam es bei mehreren Kundgebungen dieser Art zu bewaffneten Auseinandersetzungen mit demokratisch gesinnten Bürgern.
Hoffmann-Parolen: „Hitler war ein genialer Mensch." „Dieser ganze uferlose Parlamentarismus muß weg."
Zusammenarbeit besteht u. a. mit Erwin Schönborns „Kampfbund Deutscher Soldaten" (KDS), der „Wiking-Jugend"(WJ) und der „Aktionsfront Nationaler Sozialisten".
Die „Wehrsportgruppe" wird u. a. von Dr. Gerhard Frey politisch und finanziell unterstützt.

„Wehrsportgruppe Hoffmann": Bis zu den Zähnen bewaffnet. Und in den Wäldern wird der Ernstfall geprobt – der Bürgerkrieg

Wiking-Jugend (WJ)

Gründung: 1952. Sie wird militärisch gedrillt, wobei die Mitglieder HJ-ähnliche Kluft tragen. Sie beteiligt sich auch an gewalttätigen Auseinandersetzungen mit Andersdenkenden.
Mitbegründer und ehemaliger Leiter der WJ war Raoul Nahrat, ein Exponent der „Nationalen Rechten". Jetziger „Bundesführer" ist sein Sohn Wolfgang Nahrat, dessen Sohn Ulf Nahrat als Leiter des WJ-Fanfarenzuges bei rechtsextremen Kundgebungen auftritt. Er gilt als künftiger „Bundesführer" der WJ.

Witikobund

Im November 1947 fanden sich neun ehemals führende Nazis (NSDAP-Gauhauptstellenleiter, NSDAP-Kreisleiter, HJ-Gebietsführer, Sturmbannführer des SD/Sicherheitsdienstes) zusammen, um Männer der „gemeinsamen Vergangenheit" für eine „gemeinsame Zukunft" zu sammeln. Offiziell wurde der „Witikobund" erst 1948 gegründet.

„Wiking-Jugend": Kameradschaft, Lagerleben, Musikgruppen – Lockmittel der Wiking-Jugend für Kinder und Jugendliche. Militärisch wie das Gehabe ist auch die Gliederung der Wiking-Jugend. Es gibt „Fronteinheiten", „Fähnlein", „Stabsstellen" und „Gauführer". Wie in der „Hitlerjugend"

1949 formulierte es der „Witikobund" als sein wichtigstes Ziel, die „Heimkehr der sudetendeutschen Volksgruppe" zu erreichen. Zitat: „Es geht heute nicht mehr um eine einfache ‚Rückkehr', sondern um einen ‚Neuaufbruch', um die Wiedervereinigung unserer

Heimat durch eine neue Siedlung, die der alten Kolonisation des Mittelalters durchaus ebenbürtig wäre, wenn auch mit den Mitteln der heutigen Technik durchgeführt."
Diese sudetendeutsche „Gesinnungsgemeinschaft" der Landsmannschaften, die praktisch die Politik des „Bundes der Vertriebenen" und der ihm angeschlossenen Landsmannschaften bestimmt, konnte kürzlich Franz Josef Strauß als Gast bei einer Tagung begrüßen.
Zusammenarbeit besteht u.a. auch mit dem „Deutschen Kulturwerk europäischen Geistes" (DKeG).
Vorsitzender des „Witikobundes" ist Heinz Lange, ehemaliger Gebietsführer der „Hitler-Jugend".

Schaufenster eines Hamburger Buch- und Schallplattenladens, der sich auf Nazi-Propagandamaterialien spezialisiert hat. Die Originalreden der NS-Führer kann man mittlerweile in jedem Kaufhaus kaufen. Aufgrund massiver Proteste sind jetzt einige Platten als „jugendgefährdend“ eingestuft worden.

Zwischen Feinschmeckerlektüre und Autozeitung: die angebliche „Sonderdokumentation Hitlerjugend“ der Zeitschrift „Das III. Reich“. Unter dem Tarnmantel der „Dokumentation“ werden Geschichts-Verfälschung und NS-Propaganda vertrieben.

Foto aus „Musik Joker“ 10/78

So pervers sind die Geschäftemacher: „Hitlers-Horror-Show“ im Londoner „Whitehall-Theatre“. Und: Eine ganze Serie von brutalen und perversen Nazi-Pornos (mit Titeln wie „Die letzte Orgie des Dritten Reiches“) schwappt im Herbst 1978 auf die einschlägigen Kinos zu. Und in den Schallplattenregalen findet man die „Rock-Oper“ „Der Führer“. Mit der „Hitlerwelle“ in Theater, Film und Schallplattenbranche wird Geld und Politik gemacht.

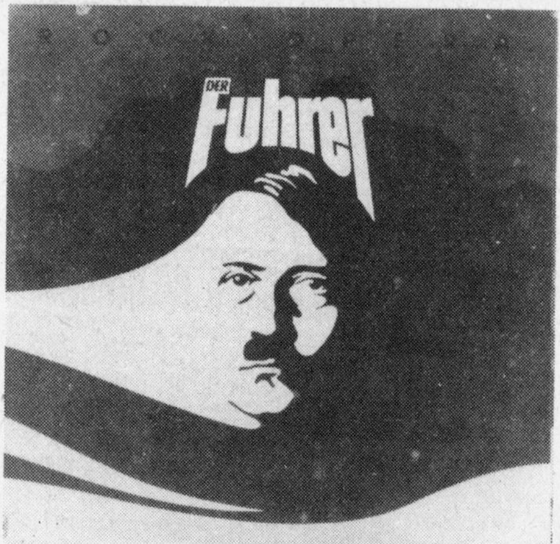

Nicht 1933, sondern 1978: Schaufenster eines Antiquitätenhändlers

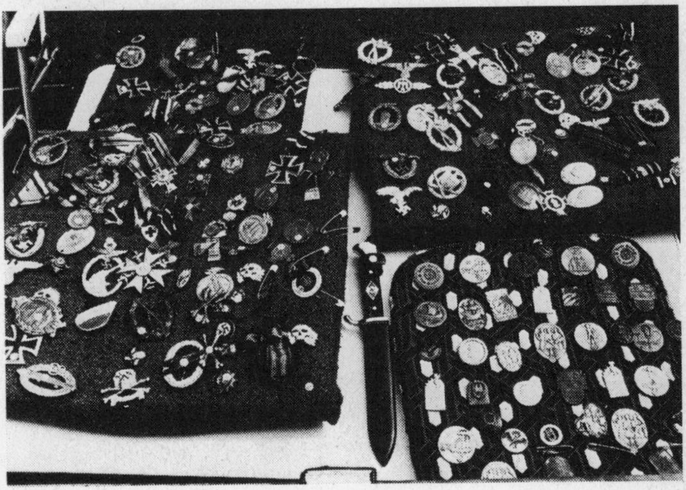

Alltag auf einem Flohmarkt

Jugendliche wehren sich: Flugblattaktion der Sozialistischen Deutschen Arbeiterjugend vor der Aufführung von „Hitler – eine Karriere“

Das Maß ist voll: Dortmunder Jugendliche pfändeten symbolisch einen Antiquitätenladen, in dem Nazi-Literatur verkauft wurde.

So kämpft man gegen Neonazis

Samstag, 17. Juni 1978:

Menschenjagd in Frankfurt

Am 17. Juni 1977 schlugen NPD-Ordner auf dem Frankfurter Römerberg Dutzende von Antifaschisten zusammen. Ein Jahr später rief die NPD erneut zu einer „antikommunistischen Freiheitskundgebung" auf. Tausende Frankfurter forderten: „Die Nazis dürfen nicht wiederkommen!" Sie kamen auch nicht auf den Römerberg. Doch statt der Nazis schwangen Polizisten ihre Knüppel...

Stephan Lutz-Bachmann ist 30 Jahre alt, Diplomtheologe und Mitglied der VVN – Bund der Antifaschisten. Er gehört zu den Gründern und aktiven Teilnehmern des VVN-Arbeitskreises „Neofaschismus". Er und seine Kameraden wollen verhindern, daß Frankfurt – eine Stadt mit alten demokratischen Traditionen – zum Tummelplatz der neuen Nazis wird. Denn in der Mainstadt ist Schönborn, der Boß des „Kampfbundes deutscher Soldaten", zu Hause. Dort versucht ein „Komitee Freiheit für Rudolf Heß" den Naziverbrecher von seiner Blutschuld reinzuwaschen. Da trifft sich alle zwei Wochen die SS-Nachfolgeorganisation HIAG. Und nun wollte die NPD erneut auf dem Römerberg, dem Platz vor dem Frankfurter Rathaus, aufmarschieren.

„Als das bekannt wurde", berichtete Stephan, „blieb uns gar nicht mehr so viel Zeit. Denn ein breites, handlungsfähiges Bündnis gegen die Neonazis entsteht nicht über Nacht. Und wir schafften es erst im April, eine Anzahl von Organisationen und Einzelpersonen zu einem ersten Vorbereitungsgespräch einzuladen."

Im Frankfurter DGB-Haus berieten sie, wie sie den Naziaufmarsch vor dem Rathaus verhindern könnten: Vertreter des DGB und der VVN, der Jusos und der DFU, der DKP, der SDAJ und des Stadtschülerrats. Man war sich einig: Wir machen auf dem Paulsplatz, ganz in der Nähe des „Römer", eine antifaschistische Kundgebung. Wir lassen uns nicht zu Gewalttätigkeiten provozieren, wir werden weder gegen die Neonazis noch gegen die Polizisten aggressiv. Aber nur mit massivem Protest können wir den Oberbürgermeister zwingen, die Naziveranstaltung zu verbieten.

Rechtzeitig zum 1. Mai war auch das erste Flugblatt fertig. Unter der Losung „Die Nazis dürfen nicht wiederkommen!" waren zwei Fotos abgedruckt. Das obere zeigte die völlig ausgebrannte Frank-

furter Innenstadt in den letzten Tagen des von den Hitler-Faschisten angezettelten Zweiten Weltkriegs. Und auf dem unteren Foto war zu sehen, mit welcher Brutalität die NPD-Schläger ein Jahr zuvor, am 17. Juni 1977, in Frankfurt losgeprügelt hatten.
Auch ohne lange Texte war den Leuten klar, worum es ging. Alte, gestandene Gewerkschafter meinten: „Das ist das erste gute Flugblatt heute!“ Und viele steckten es sich ein, um es aufzubewahren: sie wollten am 17. Juni 1978 gegen die neuen Nazis mitdemonstrieren.
„Wir hatten noch etwas gemacht“, erinnert sich Stephan. „Auf dem Flugblatt war ein vorgedruckter Abschnitt, mit der Forderung an CDU-Oberbürgermeister Wallmann, das NPD-Treffen zu verbieten. Wie viele ihre Abschnitte wirklich unterschrieben und abgeschickt haben, weiß ich nicht. Ich selbst bin mit den Flugblättern bei Freunden und Bekannten vorbei, habe sie unterschreiben lassen und das ganze Bündel persönlich abgeschickt.“
Das gleiche Flugblatt nahm Stephan auch zu einem Treffen in Warschau mit, an dem Christen aus vielen europäischen Ländern teilnahmen. Dort hat er die Flugblätter verteilt und seine Freunde gebeten, die unterschriebenen Abschnitte von ihren Heimatländern aus an Wallmann zu schicken. „Und wie ich die kenne, haben die das auch gemacht!“
Oberbürgermeister Wallmann geriet allmählich unter Druck. Frankfurt hat um seinen Ruf als weltoffene Messestadt zu fürchten. Und am 12. Mai stand in allen Zeitungen, daß er den NPD-Aufmarsch verboten hatte: „Eine NPD-Kundgebung vor dem historischen Frankfurter Römer und im Schatten der traditionsreichen Paulskirche könne von keinem überzeugten Demokraten geduldet werden“, zitierte ihn die „Frankfurter Rundschau“.
Die Neonazis verfaßten daraufhin einen „offenen Brief“: „Kommunisten und Spätmarxisten“ hätten die NPD verleumdet, die „vereinigte Rotfront“, die im Gewerkschaftshaus getagt hatte, wolle „mit Gewalt und Nötigung“ die Versammlungsfreiheit beseitigen. Und siegessicher verkündeten sie: „Das Deutschlandtreffen der NPD findet bestimmt auf dem Römerberg statt.“
Ein Gerichtsurteil schien den Nazis recht zu geben. Die Vierte Kammer des Frankfurter Verwaltungsgerichts hob am 8. Juni die Verbotsverfügung von Oberbürgermeister Wallmann wieder auf. Denselben Nazis, die im Jahr zuvor so brutal zugeschlagen hatten, gab das Gericht noch einen Freifahrtschein: Die Ereignisse des 17.

Juni 1977 könnten nicht so gedeutet werden, daß die NPD 1978 „nicht willens oder nicht in der Lage ist, einen ordnungsgemäßen Ablauf (der Kundgebung) herbeizuführen."
In dieser Situation verstärkten die mittlerweile 40 im antifaschistischen Bündnis vereinigten Organisationen ihre Vorbereitungen für den 17. Juni. Anfang des Monats wurden in mehreren Frankfurter Stadtteilen noch einmal Flugblätter verteilt. Die „Falken" zeigten in Bornheim den Film „Nazis – gibt's die noch?" – statt der erwarteten 100 Besucher kamen 250.
Besonderen Anteil am Zustandekommen des Bündnisses und an der Mobilisierung für den 17. Juni hatte die Frankfurter Gewerkschaftsjugend. Darüber berichtete uns Roland Frischkorn. Der 24jährige Biolaborant arbeitet als Jugendheimleiter im DGB-Haus Frankfurt und ist in der gewerkschaftlichen Bildungsarbeit aktiv. Daß sich die Gewerkschaftsjugend an der antifaschistischen Aktion beteiligen mußte, war für ihn eine Selbstverständlichkeit: „Wir haben in allen möglichen Gremien über die Aktion diskutiert, um den DGB dafür zu gewinnen, daß er etwas gegen den Faschismus macht. Wir selbst haben im Stadtjugendring den Antrag gestellt, daß sich der Jugendring an dem Bündnis beteiligt. Hier im Jugendheim haben wir Plakate ausgehängt, Flugblätter verteilt und die Kollegen persönlich angesprochen..."
Als der 17. Juni 1978 heraufzog, gab es wohl keinen Frankfurter mehr, der nicht von dem geplanten Naziaufmarsch und der antifaschistischen Kundgebung gewußt hätte. Die Bündnisorganisationen hatten in den sechs Wochen vor diesem Tag vier verschiedene Flugblätter mit einer Gesamtauflagenhöhe von 49000 Stück verteilt. Und das skandalöse Gerichtsurteil hatte dafür gesorgt, daß die Frankfurter Tageszeitungen ihre Leser fast täglich über den neuesten Stand der Dinge unterrichtet hatten.

Wenn man die Ereignisse des 17. Juni richtig auf die Reihe bekommen will, muß man sich noch einmal den Zeit- und Lageplan vor Augen halten:
– Um 14.00 Uhr sollte auf dem Paulsplatz die Kundgebung der 40 demokratischen Organisationen stattfinden.

– Um 15.30 Uhr wollten die Nazis auf dem Römerberg mit dem „kulturellen" Vorprogramm zu ihrer „Freiheitskundgebung" beginnen, bis gegen 17.00 Uhr ihre Schlägerkolonnen von einem Sammelplatz dort eintreffen würden.

– Paulsplatz und Römerberg liegen ganz dicht beieinander und sind durch eine schmale Straße miteinander verbunden.
– Zu allem Überfluß hatten auch noch Maoisten eine eigene Kundgebung in der Nähe angekündigt. Aus dem Bündnis waren sie hinausgeflogen: Keiner war bereit, wie sie mit einem Knüppel auf den Römerberg zu ziehen, um eine Straßenschlacht zu provozieren. Also riefen sie bereits für 13.00 Uhr zu einer eigenen Veranstaltung auf.

Hören wir nun, wie Stephan Lutz-Bachmann und Roland Frischkorn diesen 17. Juni erlebten:
Stephan: „Ich selbst habe schon am Vormittag bei strömendem Regen mitgeholfen, auf dem Paulsplatz die Bühne aufzubauen. Von Anfang an liefen Nazis auf dem Platz herum und beobachteten genau, was wir taten. Der NPD-Vorsitzende Mußgnug war sogar persönlich erschienen."

Roland: „Ich war als Ordner eingeteilt. Als ich gekommen bin, haben die K-Gruppen demonstriert. Bemerkenswert war, daß anfangs der Eingang zum Römer von einem Wasserwerfer der Polizei versperrt war. Doch als die Demonstration kam, fuhr der Wasserwerfer auf einmal weg. Der Eingang war frei, so daß die K-Leute auf den Römerberg ziehen konnten."

Stephan: „Zu diesem Zeitpunkt hatte die Polizei das gesamte Gebiet um den Paulsplatz und den Römerberg herum bereits abgeriegelt. Wer zu unserer Kundgebung wollte – wir waren erst rund 3000 –, mußte hinter den KBWlern her über den Römer marschieren. Die waren eigentlich gar nicht so viele. Aber zusammen mit den Schaulustigen und denen, die zu uns wollten, kamen da etwa 4000 Leute. Und die wurden alle auf den Römer gelenkt. Vielleicht kann man auch sagen: In die Falle gelockt.
Auf dem Paulsplatz jedenfalls entstand zunächst eine richtige Euphorie: Mensch, jetzt stehen ja doch 4000 Mann auf dem Römerberg! Da kommen die Nazis nun doch nicht durch! Und viele von uns liefen hinüber, um zu gucken, was es dort gab."
Roland: „Dann aber kam der Befehl zum Räumen."
Stephan: „Was die Kameraden erst nicht glauben wollten, passierte dann wirklich. Die Polizei forderte zur Räumung des Römerbergs auf, nachdem sie die Leute eben noch dorthin gelenkt hatte. Und weniger als zehn Minuten nach dem ersten Befehl hat sie zugeschlagen. Das war heller Wahnsinn, wenn man bedenkt,

Frankfurt, 17. Juni 1978. Nazigruß und Mordparolen „Herbert Wehner, Willy Brandt, Volksverräter an die Wand". Junge Nazis auf dem Weg zum Römerberg

Knüppel frei für die NPD. Unter der Leitung des Polizeipräsidenten Müller schlugen Frankfurter Polizisten brutal auf Antifaschisten ein

Die Schläger und ihre Opfer

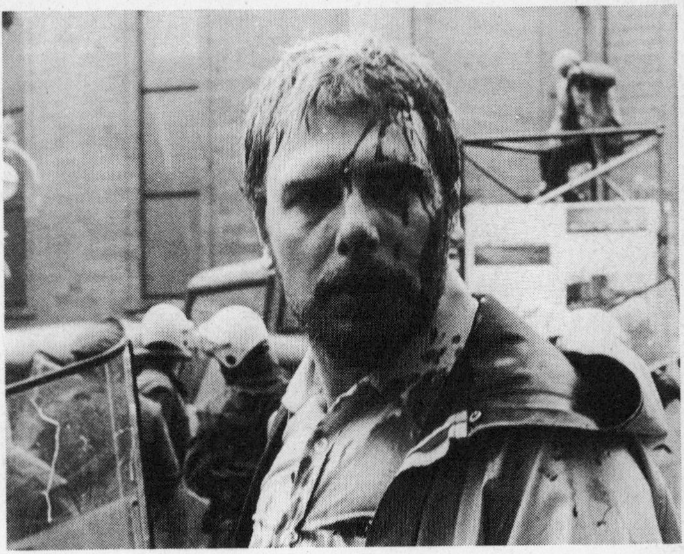

daß die 5000 Menschen auf dem Platz jetzt nur einen einzigen, engen Ausgang hatten: In Richtung Paulskirche."
Was sich in dieser halben Stunde zwischen Römerberg und Paulskirche abspielte, konnten Stephan und Roland nur aus der Ferne beobachten.
Eine Augenzeugin, die direkt dabei war, beschreibt ihre Erlebnisse so:
„Plötzlich standen drei Polizisten vor mir, schrien etwas, was ich vor Angst nicht verstand, und schlugen auch schon auf mich los. Schläge mit dem Gummiknüppel trafen mich auf dem linken Ohr und im Gesicht. Als ich wegtaumelte, trafen mich Schläge in den Rücken. Aus dem Pförtnerhäuschen kam jemand herbeigestürzt und brachte mich in Sicherheit."
Die „Frankfurter Rundschau": „Eine FR-Redakteurin war mit Mühe der panisch schreienden Masse entronnen. Sie sah eine junge Frau im Sommerkleid, die sich die Hände vor den blutenden Kopf hielt. Sie sah, wie einem jungen Mann, der seine Kamera schützen wollte, die Hände blutig geschlagen wurden. Sie sah, wie ein Gegendemonstrant aus einer Telefonzelle herausgeholt wurde. Sie sah auch, wie Demonstranten Rabiate aufforderten, Steine wieder hinzulegen..."
Während Frankfurts Polizisten am Römerberg auf alles einprügelten, was ihnen vor den Gummiknüppel kam, machten die Nazis an ihrem Sammelplatz am Ratsweg ungehindert Jagd auf schimpfende Passanten und friedliche Demonstranten. Die „Frankfurter Rundschau" schreibt:
„Zahlreiche FR-Leser riefen an und bekundeten übereinstimmend, daß eine ‚Gruppe von jungen Nationaldemokraten mit einem Steinhagel auf unsere Sprechchöre antworteten'. Ulrike H. wurde gegen 19.15 Uhr mit zwei Bekannten von knüppelbewehrten Schwarzhemden verfolgt. Im Römerberg retteten sie sich in die Villa von Amerikanern, die die Haustür offenstehen gelassen hatten."
Roland Frischkorn: „Mit welcher Brutalität die Beamten vorgingen, sieht man daran, daß die Menschen richtig gejagt wurden. Ich habe noch nie so viele blutüberströmte Menschen gesehen..."
Stephan: „Als die Polizei dann auf den Paulsplatz vorrückte, kam es auch bei uns zu Steinwürfen gegen die Wasserwerfer. Unsere Ordner sind dann gleich hin und haben denen gesagt: ‚Hört doch mit dem Scheiß auf!'

Einer der Steinewerfer hat dann einen unserer Ordner angebrüllt: ,Hau ab, du rote Sau!' Und das gibt mir zu denken. Das ist kein KBW-Jargon, das ist auch nicht typisch für die Spontis. Deswegen vermute ich, daß auf dem Römer Provokateure mit den Gewalttätigkeiten angefangen hatten, Nazis, die der Polizei einen Vorwand liefern wollten, den Platz für die NPD leerzuprügeln." Auch für Roland Frischkorn steht es fest, „daß das Ganze eine Provokation war."

Den Polizisten reichte es nicht, Tausende von Menschen zum Nutzen der Nazis wie Vieh durch die Straßen zu jagen. Sie nahmen auch noch Kurs darauf, die antifaschistische Kundgebung auf dem Paulsplatz auseinanderzujagen, auf dem immerhin noch rund 3000 Menschen standen.

Roland: „Die Polizei hat dann aufgefordert, auch den Paulsplatz zu räumen. Kollege Jungmann hat sofort erklärt, daß es die Pflicht der Polizei sei, unsere Kundgebung zu schützen. Und er hat alle aufgefordert zu bleiben.

Dann kamen Wasserwerfer von der Rückseite des Podiums direkt auf uns zu. Wir haben sofort eine Ordnerkette gebildet und uns gesagt: Hier gehen wir nicht weg. Das ist eine angemeldete antifaschistische Kundgebung, wir haben ein Recht, hier zu stehen. Und dann wurde die Polizei noch einmal über die Lautsprecher aufgefordert, den Platz zu verlassen, weil wir eine friedliche Kundgebung hatten."

Sie haben es dann schließlich doch nicht gewagt, diese Kundgebung auseinanderzuknüppeln. Aber ein paar Provokateure hatten den Nazis und dem Polizeipräsidenten einen Dienst erwiesen, der unbezahlbar war. Denn am folgenden Montag konnten sich die meisten Zeitungen erfolgreich davor drücken, auf die Aussagen der antifaschistischen Kundgebung einzugehen. Statt dessen beherrschten Wörter wie „Straßenschlacht" und „Barrikaden" die Schlagzeilen zwischen Hamburg und München. Und auch die „Frankfurter Rundschau" hat die oben zitierten Berichte erst nach einer Flut von Anrufen mit Verspätung abgedruckt.

Die Rede, die der Frankfurter ÖTV-Vorsitzende Karl-Heinz Jungmann im Namen aller Gewerkschaften der Mainstadt auf dem Paulsplatz gehalten hat, kann sich auch der Polizeipräsident Müller ins Stammbuch schreiben lassen:

„Viele Politiker laufen tagtäglich mit dem Grundgesetz unter dem Arm durch die Lande. Sie machen davon oft nach Gutdünken, in

der Regel zur Abstützung ihrer eigenen Politik, verfassungsswidrigen Gebrauch. Ich erinnere dabei nur an die Schnüffeleien im öffentlichen Dienst.
Warum schlagen diese Politiker das Grundgesetz nicht dann auf, wenn es gilt, einen wirklichen Verfassungsauftrag zu erfüllen. Der Artikel 139 Grundgesetz schreibt ein Verbot aller neonazistischen Organisationen vor. Das Verbot der NPD und der anderen neofaschistischen Gruppen wird vom Deutschen Gewerkschaftsbund seit Jahren gefordert. Die Nazis dürfen nicht wiederkommen!"
Damit die Nazis nicht wiederkommen können – dafür waren Tausende Demokraten auf die Straße gezogen. Polizeipräsident Müller hat den neuen Nazis den Römerberg freiprügeln lassen. Daß er der NPD zwei Stunden später dennoch den Marsch in die Innenstadt und auf den Römerberg verbot, lag an der Wachsamkeit der 3000 auf dem Paulsplatz, an ihrer Bereitschaft, sich den Nazis in den Weg zu stellen. Die Kritik an Müller ist darum auch vier Wochen später noch nicht verstummt. Die VVN, die Jusos und viele Gewerkschafter fordern: Dieser Polizeipräsident muß weg!

März 1978

Fürther Bürger machen mobil

Die jüdische Synagoge wurde mit Hakenkreuzen beschmiert, Mitglieder der „Jungen Nationaldemokraten“ störten eine Lesung des antifaschistischen jüdischen Schriftstellers Hilsenrath, Schönborns „Kampfbund deutscher Soldaten“ verteilte Nazi-Flugblätter vor den Schulen – im März 1978 hat es einigen Fürther Bürgern gelangt. Sie riefen auf zur Gründung eines Bürgerkomitees gegen neonazistische Umtriebe – und mehr als 250 vor allem junge Menschen kamen.
Nach dem tollen Start kam das Störfeuer der CSU. Aufhänger war die Tatsache, daß in dem Komitee ein VVN-Mitglied mitarbeitete. Einige Leute traten direkt wieder aus. „Bürgerkomitee in der Krise“, hieß es in der Zeitung. Aber: das Komitee arbeitete erfolgreich weiter. Man veranstaltet Diskussionsabende und Seminare, erarbeitet Flugblätter und Dokumentationen für den Schulunterricht. Und unterstützt einen 20 Köpfe starken Schülerarbeitskreis, der sich wöchentlich im Gewerkschaftshaus trifft.
„Kennzeichen D“, der Rundfunk, Zeitungen aus dem In- und Ausland haben über das Komitee berichtet. Grund genug für uns, die Leute selbst über ihre Arbeit erzählen zu lassen. Im Juli 1978 hat Reinhard Junge sie besucht. Im DGB-Büro saßen fünf von ihnen beisammen: der SPD-Stadtrat und DGB-Kreisvorsitzende Rudi Hartosch, 30. Die Studienrätin Regine Körner, 31. 18 Jahre alt ist der Schüler Robert Wagner. Gerd Axmann, 27, ist Betriebsrat bei Grundig, dem größten Betrieb der Stadt. Und Andreas Paul, 70, gelernter Bankangestellter, Mitglied der VVN und DKP.
Das Gespräch mit den Fürther Antifaschisten dauerte eineinhalb Stunden. Wir können es hier nur auszugsweise wiedergeben. Unser Ausschnitt beginnt mit einer Einschätzung des Neonazismus in unserem Land.
Rudi Hartosch: Wenn man es genau nimmt, dann sind das gar nicht so viele Leute. Und ohne sie herunterzuspielen – so gefährlich sind sie im Moment auch nicht. Wenn nämlich der Schönborn auftaucht, dann sagen viele Bürger: Das ist ja ein Spinner, das ist ja irr, was der daherbringt. Von der Bevölkerung wird der vielfach abgelehnt. Aber das Gefährliche ist gerade, daß er sich an die Jugendlichen heranmacht, die noch nicht so urteilsfähig sein können...

Robert Wagner: Der Schönborn hat auch ein Flugblatt gemacht, da war der Slogan drauf: „Deutschland ist größer als die Bundesrepublik!" Und denselben Slogan verwendet hier in Fürth der Chef der CSU-Schüler-Union, den hat der auf seiner Schultasche stehen. Und genau das ist ja bezeichnend, daß solche Slogans auch von der CSU verwendet werden...
Rudi Hartosch: Genau: Für viel gefährlicher als den Schönborn und seine Kumpane halte ich zur Zeit Leute wie den Fürther CSU-Stadtrat Witzsch.
Dieser Witzsch behauptet beispielsweise, die Polen seien selber schuld daran, daß der zweite Weltkrieg begonnen hat. Und am 16. Juni hat er auf einer CSU-Veranstaltung mit dem Titel „25 Jahre Aufstand in der Ostzone" öffentlich erklärt, daß Hitler die Volksherrschaft gewollt habe. Und es sei eine Verleumdung, wenn einer behaupte, die Nazis seien kriegslüstern gewesen.
Dieser Mann ist Lehrer und Fachvorsteher für Geschichte an einer Nürnberger Schule. Wenn es bei uns solche Lehrer gibt, die so etwas ungestraft verbreiten dürfen – dann frage ich mich, wie wir als Bürgerkomitee unter den Schülern überhaupt erfolgreich arbeiten sollen. Wäre da ein Linker gewesen, der behauptet hätte, die DDR sei ein vorzüglicher Staat – der wäre am nächsten Tag aus der Schule geflogen. Aber der Witzsch bleibt Fachvorsteher für Geschichte.
Welche Ziele verfolgt das Bürgerkomitee, und was habt ihr nach der Gründung weitergemacht?
Rudi Hartosch: Die Ziele sind eindeutig. Sinn und Zweck dieses Bürgerkomitees ist die Bekämpfung neofaschistischer Umtriebe in Fürth. Das haben wir in unserem Statut verankert. Wir arbeiten nicht überregional, sondern beschränken uns hier auf Fürth und auf die nähere Umgebung. Im Bürgerkomitee arbeitet noch der Vorsitzende des Stadtjugendrings mit, ein Diakon, dann haben wir einen evangelischen Vikar dabei, der gleichzeitig FDP-Mitglied ist. Die Sache ist also weitgestreut, und wir wollen das nicht parteipolitisch ausrichten, wie es die CSU ja immer wieder unterstellt, sondern nur auf das gestellte Ziel hinarbeiten.
Dazu werden wir Versammlungen durchführen und Flugblätter herstellen. Anlässe geben uns der 20. Juli, der Tag des gescheiterten Putsches gegen Hitler, und der Anti-Kriegstag am 1. September sowie der 9. November, an dem die sogenannte Kristallnacht stattfand.

Zu diesen Fragen hat dann auch die Volkshochschule eine große Veranstaltungsserie gemacht und wird diese Arbeit im Herbst fortsetzen. Vielleicht wird der Schülerarbeitskreis im Rahmen der VHS-Arbeit stattfinden, das ist ja auch eine finanzielle Frage. Und wenn wir das finanzieren können, wollen wir im Herbst wieder ein oder zwei Wochenendseminare durchführen.
Zum zweiten arbeitet der Gerhard Graefe an einer Handreichung für Lehrer, um den Lehrern Hinweise zu geben für die Behandlung des Faschismus im Unterricht. Ob das dann zugelassen wird, ist natürlich eine andere Frage, weil solche Dinge in Bayern ja über das Kultusministerium laufen müssen.
Gerd Axmann: Ich wollte noch etwas anderes sagen. An der Zusammensetzung unseres Komitees kann man ja schon erkennen, daß wir fast alle Schichten der Bevölkerung ansprechen können. So die Arbeiter durch die Gewerkschaften, die Schüler durch die Lehrer und den Schülersprecher, durch den Diakon und den Vikar die Kirchen.
Rudi Hartosch: Wir haben keine bestimmte Zielgruppe, so daß man nicht sagen könnte, wir gehen nur auf die Schüler oder nur auf die Arbeiter zu, sondern wir wollen das breit streuen. Allerdings wollen wir unter den Jugendlichen vor allen die Arbeitslosen ansprechen, denn die haben besonders wenig Unterricht und sind am schlechtesten über den Faschismus unterrichtet.
Robert Wagner: Bei uns Schülern schaut das so aus, daß wir in der Schule sehr wenig über den Nationalsozialismus gehört haben. Die Verteiler der neonazistischen Zettel sprechen dann auch vor allem die jüngeren Schüler an, die eben, wie der Verteiler gesagt hat, durch die Schule falsch informiert werden. Da wollen wir eben einen Gegenpol schaffen und die Schüler, nach unserer Meinung, richtig aufklären, damit sie nicht auf die Nazis reinfallen.
Die Jugendlichen, die in neonazistischen Organisationen mitmachen, sind ja nicht nur Kinder von alten Nazis. Wie erklärt ihr euch den wachsenden Einfluß der Neonazis unter der Jugend?
Rudi Hartosch: Zunächst würde ich sagen: Es sind viele dabei, die keine Arbeit gefunden haben, die mit ihrer Lage unzufrieden sind. Die hören dann die Schlagworte, die immer wieder ausgegraben werden: „Wer hat die Autobahnen gebaut? Wer hat die Leut' von der Straß' runtergebracht? Der Hitler!“ – Oder die Hetze gegen die Ausländer: „Diese Kanacken! Die nehmen unsere Arbeitsplätze weg! Rauswerfen!“

So etwas spukt unterschwellig in den Köpfen vieler Menschen herum. Meines Erachtens ist das eine Folge jener Entpolitisierung, wie sie von den politischen Parteien – und auch die Gewerkschaften sollten sich da nicht ausnehmen – jahrzehntelang betrieben wurde. Der 8. Mai ist bei uns doch noch immer der „Tag der Kapitulation" und nicht der Tag der Befreiung vom Faschismus. Bloß weil die DDR diesen Tag so genannt hat, konnte dies hier bei uns kein Tag der Befreiung sein. Für uns hier ist das also nach wie vor ein Tag der Niederlage. – So wurde über die Jahrzehnte hinweg argumentiert, und das scheint mir mit Schuld daran zu sein, daß wir uns nicht endgültig vom Nazismus befreit haben. Das ist meine Meinung.
Robert Wagner: Daß die Neonazis bei den Jugendlichen solch einen Anklang finden, das liegt meiner Meinung nach auch daran, daß die Parteien bei uns irgendwie keine Alternative bieten, der man sich als Jugendlicher anschließen kann. Die stellen irgendwie kein Ideal mehr vor, hinter dem man hergehen kann. Oder: Die Identifikation zwischen Gleichaltrigen, so etwas wie Zusammengehörigkeitsgefühl – das fehlt bei uns. Und da ist es natürlich klar, daß die Jugendlichen, vor allem die arbeitslosen Jugendlichen, versuchen, irgendwo in eine Gruppe hineinzukommen. Und da scheinen sich gerade die Neonazis anzubieten, mit ihren Zeltlagern, Fahrten und der Lagerfeuer-Romantik. Gerade diese Romantik fängt sie ein.

Welchen Beitrag leisten die Gewerkschaften hier in Fürth in der antifaschistischen Arbeit?
Rudi Hartosch: Das ist ganz einfach. Wenn Veranstaltungen sind, wird über den DGB mobilisiert. Das geht dann in den Einzelgewerkschaften über den normalen Verteiler an die Betriebsräte in den Betrieben, und die verteilen die Einladungen dann weiter. Hinschleifen kann man die Leute ja nicht, und die Versammlungsmüdigkeit ist ohnehin bekannt. Aber wir haben vor allem bei der Gründungsversammlung festgestellt, daß wir damit Wirkung erzielen.
Gerd Axmann: Die IG Metall ist hier am Ort die größte Einzelgewerkschaft, und wir haben zu Rudi Hartosch ja die verschiedensten Kontakte. Das gleiche trifft aber auf die anderen Gewerkschaften zu. Und die Betriebsräte machen da recht gut mit, die verteilen die Einladungen und sprechen die Kollegen an, vor allem die Vertrauensleute, die dann die Informationen noch weiter streuen.

Welche Schwierigkeiten habt ihr eigentlich bei der Arbeit? Welche Probleme, die vielleicht auch für andere interessant sind?

Regine Körner: Es ist eigentlich unheimlich schwer, die einzelnen Lehrer anzusprechen, weil die eben oft den Chefs folgen und keine derartige politische Betätigung an der Schule wollen. Die Lehrer sind eigentlich hier in Bayern sehr unsicher, wie sie sich in dieser Frage verhalten sollen. An unserer Schule haben wir zum Beispiel ein relativ junges Kollegium, das Durchschnittsalter schätze ich so auf 35 bis 40. Aber es traut sich eigentlich niemand, wirklich Stellung zu beziehen zum Faschismus.

Gerd Axmann: Daß die CSU hier das Bürgerkomitee so in die linke Ecke gestellt hat, hat sicherlich dazu beigetragen. Die Lehrer haben sich gar nicht recht getraut, bei uns mitzumachen. Die CSU hat sich bemüht, die Mitarbeit von DKP-Mitgliedern herauszuheben und so zu tun, als ob die anderen nur ihren sozialistischen „Spinnereien“ nachgingen. Das hat viele bestimmt verunsichert.

Regine Körner: Die „Schüler-Union“ hat damals auch sehr stark reagiert. Die hat in einem Flugblatt geschrieben, im Bürgerkomitee seien nur Kommunisten und Sozialisten, die versuchten, von ihren radikalen Zielen abzulenken. Ich hab’ selber in der Klasse drei von der Schüler-Union und habe mich schärfstens gegen diesen Unsinn zur Wehr gesetzt. Ich bin dabei selber in die Offensive gegangen, habe mich gegen diese „Vorwürfe“ gar nicht erst verteidigt, sondern die angegriffen, die unsere Arbeit stören wollen.

Könnt ihr mir einmal ganz kurz schildern, wie ihr zu antifaschistischen Überzeugungen gekommen seid?

Rudi Hartosch: Also, ganz kurz zusammengefaßt: Ich bin seit meinem 14. Lebensjahr Gewerkschaftsmitglied. Ich habe Tucholsky und Remarque gelesen und habe auf Grund dessen den Kriegsdienst verweigert. Und ich will halt erreichen, daß so etwas, was im „Dritten Reich“ passiert ist, nie wieder vorkommen kann. Darum habe ich auch 65/66 in der großen Kampagne gegen die NPD mitgearbeitet. Und wenn jetzt so etwas wieder auftaucht, ganz egal ob das im Kleid der NPD, der NSDAP oder der CSU ist – dann werde ich natürlich gegen solche Bestrebungen angehen.

Andreas Paul: Ich war 15 Jahre alt, das war 1923, da hielten die Nazis ihren „Deutschen Tag“ in Nürnberg ab. Und, das ist ja bekannt, da sind die Arbeiter aus den Betrieben nicht gerade sanft mit den Nazis umgegangen. Und ich kam aus einer sozialdemokratischen Familie und habe mich wie viele andere Jugendliche schon

mit diesen Fragen befaßt. Ich habe mich schon damals, 1923, gewerkschaftlich organisiert und ging dann auch in die Sozialistische Arbeiterjugend, die Jugendorganisation der SPD. Und später bin ich noch weiter nach links gegangen.
Als aktiver Funktionär des kommunistischen Jugendverbandes war ich natürlich im Blickfeld der Gestapo, und die haben mich gesucht vom ersten Tage an. Aber ich habe ihnen den Gefallen nicht getan und bin erst Ende September 1933 in Stuttgart verhaftet worden, wo ich illegal gearbeitet habe. Und von 1933 an bis 1945 war ich im Konzentrationslager und im Zuchthaus.
Wir sollten daraus die Schlußfolgerung ziehen, als Deutsche unsere Ehre darin zu sehen, diesen Faschismus mit Stumpf und Stiel zu vernichten und der Jugend zu sagen, was gewesen ist. Denn ich glaube: wenn die Jugend weiß, was gewesen ist, dann wird sie gegen solche Geschichten gefeit sein. Das ist meine Meinung, und darin besteht wohl auch die große Bedeutung unserer Arbeit, daß wir der Jugend einen Einblick geben in die geschichtliche Wahrheit und sie für fortschrittliche und demokratische Lösungen der Probleme bereit machen.
Regine Körner: Ich komme eigentlich aus einem liberalen Elternhaus. Meine Eltern waren immer eindeutig gegen rechte Tendenzen, waren aber nicht für irgendwelche kommunistischen Tendenzen. Ich würd' nicht sagen, daß ich sehr politisch war, bin dann aber in die Studentenbewegung mit hineingeraten – ich hab' 1966 Abitur gemacht – und habe dort aktiv mitgemacht und zum Beispiel auch gegen die Nazis demonstriert.
Robert Wagner: Bei mir ist das so, daß ich Ideale suche, denen ich nachstreben kann. Ich lebe recht gern, ich hänge am Leben. Und die rechten Kräfte sind eben diejenigen, die mir dieses Lebensrecht am ehesten streitig machen. Und als die zum ersten Mal bei uns Nazi-Flugblätter verteilt haben, da haben mir – ich war damals Schülersprecher – einige Lehrer gesagt, wie sie mit der ganzen Sach' zu kämpfen haben, weil ja die Schüler kamen und gefragt haben, ob das stimmt, was auf diesen Blättern draufsteht.
Da hab' ich gleich gewußt, da muß etwas gemacht werden, die darf man nicht gewähren lassen. Ich will Kriege und Diktatur bekämpfen – das ist mein wichtigstes Ziel überhaupt.
Was ich noch nachtragen muß: Ich habe schon ziemlich viele Filme über den Faschismus gesehen. Diese Filme müßte man eigentlich jedem Schüler zeigen und fragen: Würdest du solche Zustände

Gründungsveranstaltung des Fürther antifaschistischen Bürgerkomitees. Neonazi Erwin Schönborn (Bild oben, stehend) versucht die Versammlung zu stören und wird nach einer Abstimmung aus dem Saal gewiesen.

noch einmal haben wollen? Ich kämpfe eben ganz genau dagegen, daß das wiederkommt. Und die Gefahr besteht.
Gerd Axmann: Ihr kennt sicher das Buch „Der rote Großvater erzählt“. Und ich hab' auch solch einen roten Großvater gehabt, der aus der Gewerkschaftsbewegung kam und mir von seinem Leben einiges erzählt hat.
Naja, und dann bin ich bei den großen Demonstrationen gegen die NPD in Fürth und Nürnberg dabeigewesen. Diese Erfahrungen wurden durch meine Tätigkeit in der Gewerkschaft noch vertieft, und ich wurde Referent für Einführungslehrgänge. Ein Teil dieser Arbeit besteht darin, auch über die Geschichte der Arbeiterbewegung zu informieren. Und für mich ist die Tätigkeit im Bürgerkomitee auch eine Möglichkeit, mich selber weiterzubilden, zu ergänzen, was ich schon gelesen und gehört hab'.
Was für mich in diesem Bürgerkomitee sehr wichtig ist: Wir sind durch Zufall zusammengekommen und sind zu einer Gruppe geworden, die sich auch untereinander gut versteht. Das ist für unsere Arbeit ungeheuer wichtig, daß wir uns sehr gut verstehen und zusammenarbeiten.
Robert, was sagen eigentlich deine Mitschüler zu deinen Aktivitäten? Gibt's da welche, die der Meinung sind, du solltest dich lieber ums Abitur kümmern und die Politik sausen lassen?
Robert Wagner: Das ist wohl nicht nur an der Schule so, daß Leute, die eben nichts tun, die anderen, die etwas tun, irgendwie komisch anschauen und uns für Spinner und Idioten halten. Aber man kann nicht nur ans Abi denken – ich denke eben an das ganze Leben.
Rudi Hartosch: Wenn ich mir zum Beispiel dieses Flugblatt anschaue: Da wird ein stilisiertes Hakenkreuz zu erkennen sein. Und „Wake up!“ steht daneben – „Deutschland erwache!“, das hatten wir doch schon mal! Die Nazis vertreiben solche Flugblätter in regelmäßigen Abständen vor den Schulen. Es geht also darum, die Schüler und auch ihre Eltern zu Hause zu erreichen, um sie über diese Parallelen aufzuklären.
Und hier noch ein Originalzitat Hans-Jürgen Witzschs: „Man muß den Schülern klarmachen, daß die Demokratie nicht von vornherein die beste Staatsform ist, sondern daß auch autoritäre Staaten durchaus ihre Vorteile haben können.“ Das ist Originalzitat Witzsch, und wenn das die Omas der Schüler hören, sagen sie: Stimmt ja, unter Hitler konnte man nachts ohne Gefahr durch die Straßen gehen. Daß es 10000 Todesurteile wegen eindeutig krimi-

neller Taten gegeben hat, also unter den Nazis genausolche Verbrechen verübt worden sind, wie heute auch – das wird von der profaschistischen Propaganda ja totgeschwiegen.
Gerd Axmann: Vielleicht noch mal zu einer Frage von vorhin: ob wir Angst haben. Da hat der Rudi was zu sagen.
Rudi Hartosch: Als die Fernsehsendung in „Kennzeichen D" über unser Bürgerkomitee gelaufen war, da hatte ich Anrufe bis drei Uhr früh: „Du Drecksau! Dich kriegen wir auch noch! Dich ham's zu vergasen vergessen!" Und ähnliches. Also, ich hab die ganze Nacht geschlafen, aber meine Frau war am Telefon. Und die hat sich gar nicht alles merken können. Meine Frau war dermaßen verschreckt. Und der Oppenheimer – der ist auch vom Bürgerkomitee und in der jüdischen Kultusgemeinde –, der mußte sich eine neue Telefonnummer zulegen in der Zwischenzeit.
Aber dadurch dürfen wir uns in einem demokratischen Staatswesen nicht einschüchtern lassen. Wenn etwas sein sollte, muß uns halt die Polizei schützen. Und hier in Fürth haben wir immerhin den DGB hinter uns, der Kreisvorstand hat das Komitee ausdrücklich gutgeheißen. Der SPD-Kreisvorstand ist auch nicht dagegen. Das ist schon was.
Gerd Axmann: Aber nach der Veranstaltung mit dem Hilsenrath war es wirklich kritisch.
Andreas Paul: Über Saalschutz und so etwas brauchen wir jetzt nicht zu reden – heute ist es noch nicht so weit. Aber wir sind Gewerkschafter, und wenn die Nazis wirklich frech werden, dann haben wir auch etwas zu bieten, da können wir auch einige Brocken aufmarschieren lassen. Und bei solchen Argumenten werden die dann immer sehr kleinlaut, das verstehen die.

9. bis 11. Mai 1978

Kasseler Schüler kontra „Hitlerwelle"

Dienstag, 9. Mai 1978. Ein Übertragungswagen des Hessischen Rundfunks hat für drei Tage vor der Herder-Schule in Kassel geparkt. Über den Äther gehen Direktübertragungen aus den Klassenzimmern. Schüler stehen vor den Mikrophonen. Der Grund für dieses ungewöhnliche Programm: An der Schule findet „alternativer Unterricht" statt. Ohne Zensurendruck und Anwesenheitskontrolle. In Arbeitsgruppen, die von Mädchen und Jungen zwischen 16 und 19 Jahren vorbereitet wurden und geleitet werden. Mit Filmen, Songs, Informationsständen und Auftritten des Kasseler Staatstheaters. Das Thema dieser drei Tage: Faschismus und Widerstand.

Angefangen hat alles im Sommer 1977. In den Kinos lief mit großem Reklameaufwand der Hitler-Film von Joachim C. Fest. Herdenweise wurden die Schüler in die Kinos geführt. 150 Minuten lang trommelten Originalbilder und -töne aus Naziwochenschauen auf die Schüler ein, mußten sie Hitler aus der gleichen Perspektive ertragen wie jene Landser, die mit der Superdroge Propagandafilm fit gemacht wurden für den nächsten Sturmangriff. 150 Minuten lang Marschmusik, Hitlergeschrei. Aber klüger – klüger waren die Schüler nicht geworden.

Fred Dott ist 19. Er hat gerade Abitur gemacht. Bevor er mit seiner Kawasaki in den wohlverdienten Urlaub brauste, erzählte er uns von diesem Film und den anschließenden Diskussionen im Kasseler Stadtschülerrat:

„Im ersten Schulhalbjahr 77/78 war ich noch Schulsprecher an der Herder-Schule und damit Mitglied im Stadtschülerrat. Viele von uns waren sauer darüber, daß wir in diesen Film geschickt wurden. Das ganze Problem des Faschismus wurde da auf einen einzigen bösen, aber genialen Mann zurückgeführt, der im passenden Augenblick die richtigen Propagandatricks auf Lager hatte. Über die Ursachen des Faschismus, über den Zusammenhang zwischen Kapitalismus, Weltwirtschaftskrise und Faschismus wurde nichts gesagt. Und gelernt – gelernt hat man in diesem Film wirklich nichts. Und gegen diesen Blödsinn, fanden wir, mußten wir etwas unternehmen."

So bereitete der Stadtschülerrat für November 1977 antifaschistische Filmtage vor, an denen mehr als 5000 Kasseler – und nicht nur Schüler – teilnahmen. Voll besetzt war der Veranstaltungssaal auch bei der Abschlußdiskussion mit Vertretern von SPD und FDP, der Vereinigung der Verfolgten des Naziregimes und dem Marburger Professor Reinhard Kühnl. Nur eine der im Stadtrat vertretenen Parteien fehlte: die CDU. Sie hatte kein Bedürfnis, über Faschismus und Widerstand zu diskutieren. Statt dessen startete sie im Kommunalparlament eine „Große Anfrage", um den Stadtschülerrat und das Stadtschulamt, das die Räume zur Verfügung gestellt hatte, fertigzumachen:
„Haben verfassungsfeindliche Organisationen an dieser Veranstaltung mitgewirkt? Wieviel Schulklassen haben an dieser Veranstaltung mitgewirkt? Warum hat das Stadtschulamt antidemokratischen und kommunistischen Gruppen Räume gegeben? Warum hat man die Schüler ohne Warnung den Helfershelfern der Terroristen in die Arme getrieben? Wie kann ein Stadtrat davon sprechen, daß man ein Gegengewicht zur Wiederauferstehung des Faschismus schaffen muß?"
Der Stadtschülerrat konterte diese Angriffe mit einer kühlen, sachlichen Presseerklärung. Was die CDU „antidemokratische Gruppen" nannte, das waren Mitglieder der Jungen Union, der Jusos, der VVN – Bund der Antifaschisten gewesen. Was die CDU als „kommunistische Propaganda" verteufelte, war in Wirklichkeit das verfassungsmäßige Recht aller beteiligten Organisationen, vor den Veranstaltungsräumen Informationsstände aufzubauen. Und was die CDU „Helfershelfer der Terroristen" nannte, das waren die demokratisch gewählten Interessenvertreter der Kasseler Schüler.
Während die CDU-Fraktion im Rathaus die Schüleraktivitäten auf diese Weise madig machen wollte, meldete sich die Lehrergewerkschaft Erziehung und Wissenschaft (GEW) zu Wort. Die GEW-Arbeitsgruppe „Hitler-Film im Unterricht" veröffentlichte im Februar 1978 eine Dokumentation zur Hitler-Welle, die „eine erste Anregung zur Behandlung des Themas Faschismus im Unterricht" bieten sollte.
Diese Unterstützung kam zur rechten Zeit. Denn kaum einen Monat später, am 11. März 1978, marschierte die hessische NPD in Kassel zu einem ihrer „Landesparteitage" auf. Unter den rund tausend Demokraten, die gegen die von Polizeiketten und Stachel-

draht geschützte Hetzveranstaltung protestierten, befanden sich auch zahlreiche Kasseler Schüler.

Doch das alles war nicht der Grund dafür, daß der hessische Rundfunk mit Mikrophonen und Fernsehkameras in die Herder-Schule zog. Nina Heise, mit 17 Jahren Nachfolgerin des kurz vor dem Abitur aus Arbeitsgründen zurückgetretenen Schulsprechers Fred Dott, berichtet:

„Im Schülerrat unserer Schule haben wir schon vor einem Jahr, also im Sommer 1977, überlegt, was wir gegen die verdummende Hitler-Welle unternehmen könnten. Daß wir die antifaschistischen Filmtage im Stadtschülerrat angeregt hatten, reichte uns nicht aus. Wir wollten noch mehr Leute aus unserer eigenen Schule erreichen. Darum beschlossen wir, eine besondere Veranstaltungsreihe zum Thema Faschismus durchzuführen. Für viele Schüler war diese Problematik doch noch ganz neu, obwohl sie im 10. Schuljahr auf dem Lehrplan steht. Aber durch Lehrermangel und andere Stundenausfälle kommt bei diesem Unterricht nicht allzuviel heraus…“

Am 14. November 1977 wurde dann an der Herder-Schule ein Arbeitskreis „Faschismus“ gegründet. In einem an die Mitschüler gerichteten Flugblatt, das zur ersten Sitzung einlud, hatte Fred Dott geschrieben: „Zur Zeit überrollt die Bundesrepublik – parallel zu einem allgemeinen Rechtsruck – eine Nazinostalgiewelle. Joachim C. Fests Film zieht einer Darstellung der politischen und wirtschaftlichen Gründe des Faschismus eine Darstellung der Führungs-‚Qualitäten‘ Hitlers vor. Um dieser einseitigen Geschichtsdarstellung entgegenzutreten, halten wir es für unbedingt notwendig, einen Arbeitskreis Faschismus einzurichten. Dieser AK hätte die Aufgabe, in Form von Wandzeitungen, Filmen und Diskussionen über den Faschismus zu informieren.“

Den Teilnehmern des Arbeitskreises war klar: Sie wollten ihre Mitschüler über eine Sache informieren, von der sie selbst noch viel zuwenig wußten. Also lasen sie sich selbst erst in das Thema ein und klärten Verständnisschwierigkeiten im gemeinsamen Gespräch. Und die Tips von seiten der Lehrer waren auch nicht zu unterschätzen.

Überhaupt – die Lehrer. Wie standen die zu dem Projekt? Würde die Schulleitung es zulassen, daß drei Tage lang der normale Unterrichtsbetrieb ausfallen würde?

Nina Heise hat da ihre Erfahrungen: „Es gibt Schulen, da werden die in der Schülervertretung aktiven Leute an allen Ecken und Enden fertiggemacht. Aber als ich an diese Schule kam und zum ersten Mal an einer Gesamtkonferenz teilnahm, habe ich echt gestaunt. Da wurde ernsthaft gefragt: ‚Was sagt der Schülerrat zu dieser und jener Sache?' Und unsere Meinung wurde dann auch tatsächlich berücksichtigt.

Also, der Chef war dafür. Allerdings sind wir selbst viel zu spät mit ganz konkreten Forderungen und Terminen herausgerückt. Da steckten viele Lehrer schon so in den Vorbereitungen auf das Abitur, daß sie echt kaum Zeit hatten, noch etwas nebenher zu machen. Ein paar Lehrer sind dann aber doch noch in die Vorbereitungsarbeit mit eingestiegen, und eine ganze Reihe von ihnen hat hinterher an unseren Arbeitsgruppen teilgenommen. Aber insgesamt waren es in diesem Jahr noch zu wenig."

Die Mitschüler indessen waren rechtzeitig auf den alternativen Unterricht scharf gemacht worden. Schon im Herbst lief an der Schule eine Reihe von Spielfilmen an, die – so sagte uns Fred Dott – „irgendwie etwas mit dem Thema Faschismus und Diktatur zu tun hatten". Und der Arbeitskreis informierte des öfteren mit Flugblättern oder Wandzeitungen über den Stand der Vorbereitungen. „Die letzten beiden Wochen vor den antifaschistischen Tagen waren echt schwer", meint Nina in der Rückschau. „Eigentlich wurde uns erst da so richtig klar, was wir uns vorgenommen hatten. Die ganzen Schüler drei Tage lang zu versorgen und zu beschäftigen – das war schon enorm. Das geht nur, wenn man einen festen Kreis von Leuten hat. Wenn die ganze Arbeit auf einem Macher hängenbleibt, dann geht das schief. Aber wir haben zusammengehalten." Und dann war's soweit. Ein „wichtiges Info" hatte die Schüler noch einmal richtig heiß gemacht. Die Leute von der Schülervertretung waren mit den Listen der Arbeitsgruppen durch die Klassenräume gestiefelt und hatten dafür gesorgt, daß sich jeder Mitschüler für eine der 17 vorbereiteten Themengruppen eintrug. Alles wartete gespannt auf den Morgen des 9. Mai.

Herr Albrecht ist 33 und arbeitet im Tagesheim der Herder-Schule als Erzieher. Hinter diesem gewaltigen Wort verbirgt sich ein halbes Dutzend Berufe. Wenn ein Lehrer mit einem Schüler Krach hat (oder umgekehrt) – Herr Albrecht vermittelt. Wenn die Eltern den Krankenschein für die Pille nicht rausrücken – Herr Albrecht ist der Seelendoktor. Die Schüler kennen ihn als duften Typ, und er

kennt die Schüler – dachte er. Bis zum 9. Mai dieses Jahres. Denn da hatte er Grund, sich zu wundern:
„Für mich war es wirklich überraschend, wie viele Schüler sich an dem alternativen Unterricht beteiligten. Die wußten doch alle: Die Anwesenheitskontrolle wird nicht allzu ernst genommen, und kein Schüler wird einen verpfeifen, der in seiner Arbeitsgruppe fehlt. Ich dachte, na ja, so hundert werden kommen. Aber mindestens die Hälfte aller Schüler war ständig im Haus. Und das waren immerhin 350 Mann."
Fred Dott führt den Zulauf auf die besondere Tageseinteilung zurück: „Wir haben morgens um acht im Tagesheim mit einem gemeinsamen Frühstück begonnen. Danach lief erst einmal ein Kulturprogramm: Wir hatten jeden Morgen die Schauspieler vom Kasseler Staatstheater mit einem duften Brecht-Programm hier. Parallel liefen Filme wie ‚Tagebuch der Anne Frank' und ‚Rat der Götter'. Anschließend trat der Liedermacher Hans Dinant mit antifaschistischen Liedern auf. Und erst um viertel vor elf begannen die zweistündigen Arbeitsgruppen. Das alles war für uns ein völlig neues Erlebnis, und beim Mittagessen konnten wir dann mit den anderen unsere Erfahrungen und Meinungen austauschen. Ich glaube, daß dieser Unterricht vielen Leuten richtig Spaß gemacht hat."
Hat denn auch wirklich alles so geklappt, wie sich der Arbeitskreis das vorgestellt hat? Nina und Fred schütteln beide den Kopf. Natürlich nicht. Wenn man als Schüler zum ersten Mal einen völlig neuen Unterricht zu einem neuen Thema vorbereitet, dann geht zwangsläufig eine Menge schief. Fred und seine Nachfolgerin waren an diesen Tagen pausenlos unterwegs, um Pannen zu reparieren und nötige Programmänderungen abzusichern. Und von Problemen kann Nina wirklich ein Lied singen:
„Es gibt eine ganze Reihe von Schülern, die zum ersten Mal eine Arbeitsgruppe geleitet haben. Hinterher haben sie nur gestöhnt: ‚Mein Gott, so schlimm habe ich mir das nicht vorgestellt!' Ihnen ist nämlich das gleiche passiert, was ein Lehrer täglich erlebt, nämlich daß die Schüler passiv herumsaßen und kein Wort herausbrachten. An diesen Tagen stand zwar kein Notendruck hinter den Schülern, aber die Angst, sich mit einem schwachen Diskussionsbeitrag zu blamieren – die war doch ziemlich groß. Von den üblichen Formen des Gegeneinander jetzt, bei einer solchen Veranstaltung, plötzlich zum Miteinander zu kommen – das ist gar nicht so einfach!"

Auch mit der Besetzung der Arbeitsgruppen lief nicht alles so, wie es geplant war. Wegen des großen Andrangs mußten allein sechs Gruppen zum Thema „Presse und Propaganda in der Nazizeit" eingerichtet werden, während das Thema „NSDAP und Großkapital" mangels Nachfrage gestrichen wurde. Nina und Fred finden das bedauerlich, denn gerade hierbei hätte man viele Informationen erarbeiten können, die der Fest-Film und die meisten Geschichtsbücher verschweigen. Doch dafür haben sich viele Schüler den Spielfilm „Rat der Götter" angesehen, der den Anteil des IG-Farben-Konzerns am Aufstieg Hitlers und den Verbrechen der Nazis schildert. „Und wer diesen Film aufmerksam angeschaut hat", meint Nina, „hat schon mitgekriegt, daß die Großkonzerne an diesem Hitler gar nicht so unschuldig sind, wie es der Fest behauptet."
Neben dem Kulturprogramm und den Filmen gab es einen weiteren Höhepunkt. Fred:
„Das Auftreten von ehemaligen Widerstandskämpfern war für die meisten Schüler ein enormes Erlebnis. Denn wann hat man als Schüler schon einmal Gelegenheit, mit einem Augenzeugen jener Ereignisse zu sprechen, der alles schon bewußt und aufmerksam mitverfolgt hat? Also, das war eine große Sache."
Drei Tage alternativer Unterricht – waren die Schüler wirklich alle begeistert?
„Na ja", meint Fred, „es gab auch einige, die sich überhaupt nicht in der Schule sehen ließen."
„Mich hat negativ überrascht, daß wir echt NPD-orientierte Schüler haben. Vor acht Jahren war das anders", sagt Herr Albrecht. Und Nina Heise erinnert sich:
„Das Hauptargument der Leute von der Schüler-Union war, wir sollten lieber antikommunistische Tage veranstalten. Das habe ich auch von einem Elternvertreter gehört. Und da geht bei mir die Klappe runter: Man kann doch die Opfer nicht mit ihren Mördern auf eine Stufe stellen!"
Drei Tage alternativer Unterricht zum Thema Faschismus – was ist dabei herausgekommen?
Vor uns liegt ein Bündel hektographierter Blätter, zehn an der Zahl. Auf diesen 20 Seiten, so schreibt die Schülervertretung der Herder-Schule in der Einleitung, findet man unzensiert und unverändert die Ergebnisse der einzelnen Arbeitsgruppen wieder, wie sie auf Wandzeitungen in der ganzen Schule ausgehangen haben.

Fred Dott (19): Ehemaliger Schülersprecher an der Herder-Schule in Kassel

Nina Heise (17): Sie setzt Freds Arbeit als Schulsprecherin fort

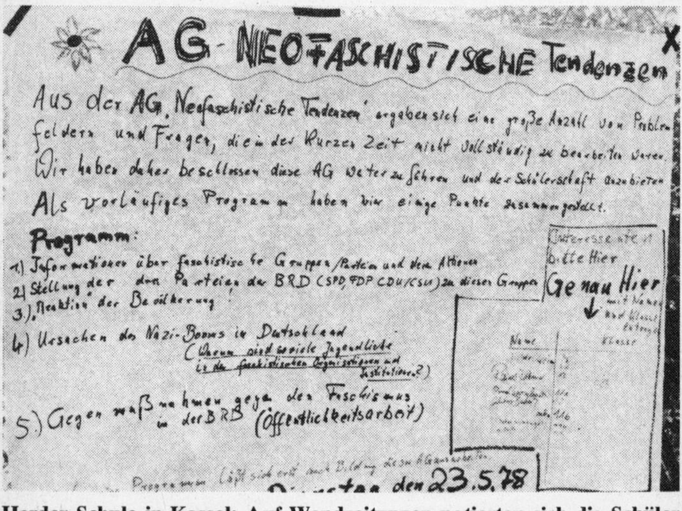

Herder-Schule in Kassel: Auf Wandzeitungen notierten sich die Schüler während ihres dreitägigen Alternativunterrichts über den Faschismus wichtige Diskussionsergebnisse

Da steht zum Beispiel, wie auf allen Seiten nur stichwortartig, als Gedächtnisstütze und neuer Diskussionsanreiz formuliert:
„Kunst im Dritten Reich. Mittel der Politik. Frauen: jung, unterwürfig. Die Frau erscheint als Summe körperlicher Reize und steht dem Mann als Angebot sexueller Erfüllung zur Verfügung. Frau als Gebärmaschine zur Erhaltung der ‚deutschen Rasse'."
Oder:
„Juden sind Menschen wie du und ich. Alles, was mit Juden geschehen ist, hätte man mit dir mit einer ähnlichen Begründung tun können. Bekämpfe den Antisemitismus, aber suche NIEMANDEN anders für die Rolle des Juden."
Und:
„Der Widerstand der Arbeiterschaft war nicht nur politisch begründet, sondern auch moralischer Natur. Ideen und Überlegungen, wie es nach dem Krieg weitergehen sollte, waren schon während des Krieges bei der Arbeiterschaft vorhanden. Trotz Verbots machten KPD und SPD nach dem Krieg die ersten wichtigen Schritte auf dem Weg zur Demokratie."
Die Schüler der Herder-Schule haben diese Thesenpapiere mit nach Hause genommen. Manch einer schaut vielleicht nie wieder hinein. Andere werden sie gelegentlich wieder hervorsuchen, weil ihnen das Stichwort für ein wichtiges Argument gegen die Neonazis entfallen ist. Einige werden, ausgehend von den Ergebnissen dieser drei Tage, den Arbeitskreis Antifaschismus fortführen. Ist das nichts?
Die 20 Seiten starke Sammlung von Stichworten beweist: Schüler können sich erfolgreich um neue Erkenntnisse bemühen, wenn man sie nur läßt, wenn – wie an der Herder-Schule in Kassel – Lehrer sich nicht als Oberzensoren und Maschinen für Fakten-Vermittlung verstehen, sondern den Schülern helfend zur Seite stehen. „Emanzipation" und „kritisches Denken" – das sind die großen Modewörter in den Unterrichtsempfehlungen der siebziger Jahre. Emanzipation – wovon? Kritisches Denken – wofür? Das steht häufig nicht dabei. Da muß man schon in der hessischen Verfassung nachschauen, an der ehemalige KZ-Häftlinge mitgearbeitet haben. Im Artikel 56 steht: „Der Geschichtsunterricht muß auf getreue, unverfälschte Darstellung der Vergangenheit gerichtet sein." Im Mittelpunkt eines solchen demokratischen Unterrichts sollen nicht „Feldherren, Kriege und Schlachten" stehen, sondern „die Entwicklung von Staat, Wirtschaft, Zivilisation und Kultur".

Und damit kein Zweifel auftritt, was damit gemeint ist, erklärte der frühere hessische Landtagsabgeordnete Dr. Köhler (CDU) in der Verfassungsdebatte vor rund 30 Jahren: „Der höchste und letzte Zweck der neu zu schaffenden Verfassung kann nur der sein, nach jeder Richtung eine politische Entwicklung zu verhindern, die noch einmal die Gefahren des jetzt vernichteten Katastrophen-Regimes heraufbeschwören könnte."
Die Kasseler Schüler haben einen wichtigen Beitrag zur Erfüllung dieses Verfassungsauftrages geleistet. Ihr Direktor, Dr. Rosenthal, erklärte nach den Tagen des alternativen Unterrichts vor der Presse: „Das geschichtliche Denken, das während der dreitägigen Unterrichtsserie zum Thema Faschismus unter den Schülern aufgebaut wurde, können wir Lehrer in zwei Jahren Geschichtsunterricht nicht bewirken." Ein größeres Lob ist kaum möglich.

Sie setzen sich zur Wehr

Er ist schon 78. Die Treppen hoch zum Frankfurter Büro der Vereinigung der Verfolgten des Nazi-Regimes (VVN) schafft er nicht, ohne aus der Puste zu kommen. Tb-Reste und Bronchien durch die lange Haft.

Es ist der ehemalige Kellner und Gewerkschaftsfunktionär Karl Fleischbein. Er ist noch voll dabei. Mit der gleichen Selbstverständlichkeit, mit der er noch immer die Beiträge der Mitglieder in seiner VVN-Gruppe kassiert, war er auch an der Kundgebung gegen den Frankfurter NPD-Aufmarsch am 17. Juni 1978 dabei.

Er hat gute Gründe, alte und neue Nazis mit aller Kraft zu bekämpfen. Ausschnitte aus seiner Lebensgeschichte legen dafür Zeugnis ab.

„Das fing an in meiner Kellnerzeit. Ich habe im Hotel ‚Rose' gelernt, in Wiesbaden. Lauter feine Leute: Smoking, weißer Schlips, ostpreußische Junker und so. Damals, im ersten Weltkrieg, hatten wir die Steckrübenzeit. Und die hatten ihre Schinken, ihre Hühner und Gänse. Einmal servierte ich einer Zofe, die hatte ein zwölfjähriges Mädchen dabei. Das fragte auf einmal: ‚Fräulein, sind Ober auch Menschen?' Die Gouvernante sagte: ‚Ach, das erkläre ich dir besser nachher, oben.' Ich war schockiert. Und von da ab fing es bei mir an zu wühlen und zu denken."

In den letzten Kriegsmonaten wurde Karl Fleischbein noch eingezogen. Beim Infanterieregiment 88 in Mainz sollte er für den Fronteinsatz ausgebildet werden. Aber die Novemberrevolution 1918, die den Krieg beendete und den Kaiser in die Flucht schlug, ersparte ihm wenigstens diese Erfahrung. Wie viele andere, trat auch Karl Fleischbein in diesen Wochen der Gewerkschaft bei und stand auf Posten für den Frankfurter Arbeiter- und Soldatenrat. Dann arbeitete er wieder in seinem Beruf: Im „Frankfurter Hof". Nach zwei Jahren flog er – wegen seiner Gewerkschaftstätigkeit. Fing im „Parkhotel" an – und flog abermals. Stand auf der schwarzen Liste und bekam in Frankfurt keine Arbeit mehr.
Ende der zwanziger Jahre siedelte Karl nach Düsseldorf um. In einem der „Rheinterrassen"-Betriebe fand er gutbezahlte Arbeit. Setzte sich als Betriebsrat erfolgreich dafür ein, daß den Kollegen Tariflohn gezahlt wurde. Trat der SPD bei, wurde Mitglied im Arbeiter-Radio-Bund und stand bald wieder auf einer schwarzen Liste und fand nur schlechter bezahlte Arbeit als Aushilfskellner. Seine freie Zeit stellte er vor allem der Arbeit auf dem Gewerkschaftsbüro zur Verfügung.
Am 2. Mai 1933 zerschlugen die Nazis die Gewerkschaften. Eben noch hatten sie den 1. Mai zum gesetzlichen Feiertag erklärt, und viele Gewerkschafter hatten sich dadurch täuschen lassen. Tags drauf standen die SA-Kolonnen in den Gewerkschaftsbüros.
„Fichtner hieß ihr Anführer. Der kam rein, in Uniform. ‚Was ist denn hier los?' Ich sag: ‚Zentralverband der Hotelangestellten.' Er: ‚Jetzt bin ich hier der Macher.' Dann ging er an die Kass', da waren so etwa 400 Mark drin, und steckte die ein. Ich sag': ‚Wie ist denn das mit der Quittung?' Er zieht seinen Revolver und sagt: ‚Hier, das ist meine Quittung.' Zwei Tage später zeigen mir Kollegen die Rechnungen: Mit unserm Geld hat er in den Bars Sektgelage abgehalten."
Eine Zeitlang versuchten die Nazis, Karl Fleischbein für sich zu gewinnen. 600 Kellner standen hinter ihm, und man hoffte, er würde viele von ihnen mühelos auf die Seite der Nazis ziehen können. Doch Karl machte dabei nicht mit. Im Gegenteil: Er sammelte Geld für die Angehörigen von Verfolgten, Verschleppten und Ermordeten, packte Pakete und schickte sie den Familien zu.
Im Herbst 1936 wurde Karl Fleischbein verhaftet. Von dem berüchtigten Oberlandesgericht in Hamm wurde er zu dreieinhalb Jahren Zuchthaus verurteilt. Er kam ins Zuchthaus Lüttringhausen

und ins KZ Börgermoor im Emsland. Danach verhängten die Nazis „Überhaft“ über ihn: Die Strafe war abgesessen, aber er kam nicht frei, sondern landete im KZ Sachsenhausen bei Berlin; arbeitete im SS-Unterführerheim. Bei den Saufgelagen der KZ-Bewacher schnappte er Manches auf, das seine Kameraden im Lager gut gebrauchen konnten. Kam später auf ein „Außenkommando“.
„Wie ich das neue Kommando Klinkerwerk sehe, da steht da der Kamerad Bernhard Börgermann aus Lingen als Kapo. Mit dem war ich zusammen im Moor gewesen. Und er sagte mir: ‚Schippe und Spaten – das kommt gar nicht in Frage. Bei deiner Figur bist du in ein paar Wochen tot. Du kommst zu mir in die Vermessung.‘“
Auch das war Widerstand: Körperlich schwächere Häftlinge von den Schwerstarbeiten wegzulotsen. In Sachsenhausen gab es dazu einige Möglichkeiten: Die gesamte Verwaltungsarbeit wurde von politischen Häftlingen geleistet. Jeder mit Tricks einem Todeskommando entrissene Kamerad war ein Sieg über die SS. Wer dabei „aufflog“, war ein toter Mann. Aber Tausende von Widerstandskämpfern verdanken dieser Solidarität ihr Überleben. Unter ihnen auch Karl Fleischbein.
Nach Verlegung zu verschiedenen Außenlagern in und um Berlin im Herbst 1944 wurde Karl mit fast 400 anderen Häftlingen zu einem Sonderkommando zusammengefaßt und neu eingekleidet: mit SS-Uniformen. Sie sollten auf „Feindbewährung“ ziehen: gegen die jugoslawischen Partisanen kämpfen. Der Antifaschist Karl wurde Zugführer bei der SS! Aber bei der ersten Gelegenheit lief seine Truppe geschlossen zu den Russen über und gab sich gefangen. Man wollte nicht mitschuldig werden an den Verbrechen der Nazis.
Heute ist Karl Mitglied der VVN. Seine Gruppe in Frankfurt-Bornheim hatte gleich nach dem Kriege 600 Mitglieder. Heute sind es knapp 50. Denn viele haben die Jahre im KZ, haben Hunger und Zwangsarbeit, Folter und Typhus nicht lange überlebt. Doch der Zusatz im Namen der VVN – „Bund der Antifaschisten“ – signalisiert: Heute treten auch junge Menschen in die VVN ein, um gegen die neuen Nazis zu kämpfen. Karl Fleischbein gehört zu denen, die ihre Erfahrungen noch an die Jüngeren weitergeben können. Denn im Gedächtnis der alten Widerstandskämpfer steht oft mehr als in einem Dutzend dicker Bücher.

Klaus Krümmel
25, Techniker

Wenn man Klaus Krümmel sucht, ist es schwer, ihn zu finden: Es kann sein, daß er in einer der Dortmunder Diskotheken schwoft, irgendwo an einem Flipper „arbeitet" – oder unter seinem VW-Bus liegt, den er sich zu einem Camping-Bus umgebaut hat. Tanzen, Lesen und Verreisen – das sind seine Hobbies. Doch damit allein ist Klaus, 25 Jahre, technischer Zeichner und zur Zeit bei der Dortmunder Stadtverwaltung als Techniker beschäftigt, noch nicht beschrieben. Denn Klaus arbeitet in einem Seminar mit, in dem die Geschichte des Dortmunder Widerstandes gegen den Faschismus erforscht wird. Und zur Zeit leitet er eine Arbeitsgruppe, die den Lebenswegen jener Dortmunder Frauen nachspürt, die von den Nazis in das Konzentrationslager Ravensbrück verschleppt wurden.

Angefangen hat alles vor sechs Jahren. Damals organisierte das „Sachsenhausen-Komitee für die Bundesrepublik Deutschland", eine Vereinigung ehemaliger Häftlinge dieses Nazi-KZs, eine Wanderausstellung durch mehrere hessische Städte. Der Aufbauleiter dieser Ausstellung, Karl Eckardt, war damals schon 70 und konnte die Arbeit nicht mehr alleine schaffen. Klaus Krümmel

hörte von Bekannten davon, und da er gerade arbeitslos war, meldete er sich als Helfer.
„Beim Aufbau dieser Ausstellung in Wiesbaden wurde ich zum ersten Mal mit den Greueltaten, die von der SS im KZ vollbracht wurden, konfrontiert. Unter anderem hatten die SS-Leute 1941/42 allein im KZ Sachsenhausen über 18000 sowjetische Kriegsgefangene durch Genickschuß umgebracht oder einfach verhungern lassen. Ich war über das sehr erschüttert, denn in der Schule hatten wir über diese Dinge nie gesprochen..."
Georg Buch, damals noch hessischer Landtagspräsident und selbst ehemaliger Häftling in Sachsenhausen, lud das bei Ausstellungsbeginn tagende Sachsenhausen-Komitee in den Landtag ein. Klaus Krümmel, noch keine 20 Jahre alt, wurde wie die anderen Aufbauhelfer mit eingeladen.
„Damals habe ich auch zum ersten Mal Bücher über den Widerstand in die Hand bekommen. Darunter war ein Nachdruck des berühmten Braunbuches über den Reichstagsbrand und den Naziterror im Deutschland des Jahres 1933. Besonders habe ich mich für Erlebnisberichte von Antifaschisten interessiert."
Als dann in Dortmund das antifaschistische Seminar gegründet wurde, war Klaus Krümmel selbstverständlich dabei. Da saß er nun zwischen ehemaligen Widerstandskämpfern, die soviel Erfahrung voraus hatten, und Lehrern, die soviel länger hatten lernen können. Ob er keine Angst hatte in diesem Kreis?
„Am Anfang dachte ich: Die Lehrer quasseln dich bestimmt an die Wand, wenn die von der Nazi-Zeit anfangen, über die du noch nie etwas gehört hast. Ich habe mir das eine Weile angehört, dann habe ich mir ein Herz gefaßt und habe immer wieder Fragen gestellt und bin denen manchmal ganz schön auf den Wecker gegangen. Aber im Laufe der Zeit hatte ich sie so weit, daß sie auf überflüssige Fremdwörter verzichten und so reden, daß ich sie mit meinen neun Jahren Volksschule verstehen kann. Und geholfen haben mir auch die Seminare der Gewerkschaft: Da gibt es wirklich ein gutes Angebot, das viel zu wenig genutzt wird."
Inzwischen geht Klaus Krümmel selbst als Vertreter des antifaschistischen Seminars zu Schülern oder Gewerkschaftern und hält Referate über den antifaschistischen Widerstand. Im Herbst 1978 wird er eine Studiendelegation zur Mahn- und Gedenkstätte Sachsenhausen leiten, um es interessierten Lehrern, Schülern, Arbeitern und Angestellten zu ermöglichen, im Gespräch mit ehemali-

gen Häftlingen des Lagers und am Ort des Geschehens selbst ihre Kenntnisse zu vertiefen.

„In unserem Seminar ist Dortmund der Schwerpunkt. Hier hat es einen starken Widerstand gegen den Faschismus gegeben. 1934 gab es zum Beispiel einen Prozeß gegen 127 Dortmunder Arbeiter. Wir haben zum Beispiel eine Broschüre über Fritz Henßler gemacht. Henßler war nach dem Kriege Oberbürgermeister von Dortmund, und nach ihm ist das Haus der Jugend in der Stadtmitte benannt. Zusammen mit seiner Frau Ella hat er unheimlich geschickt Widerstandsarbeit geleistet. Die Henßlers hatten nämlich eine Leihbücherei, und dort konnten sie lange Zeit illegale Versammlungen von Hitler-Gegnern organisieren. Nach seiner Verhaftung wurde Fritz Henßler ins KZ Sachsenhausen verschleppt. Er war ein sehr engagierter Sozialdemokrat. Vor seiner Verhaftung hat er gegen die Kommunisten gearbeitet und dann im KZ festgestellt, daß man erst mit Kommunisten, Christdemokraten und anderen Antifaschisten zusammen erfolgreichen Widerstand gegen den Faschismus leisten kann. – Na ja, und wir wollten den Jugendlichen zeigen, was hinter dem Namen ihres Jugendhauses steckt – die Stadt hat sich 20 Jahre lang nicht darum gekümmert."

„Wir haben auch eine ständige Ausstellung über den Dortmunder Widerstand gehabt, in der gezeigt wurde, welche politischen Parteien und Gruppen gegen den Faschismus gekämpft haben und mit welchen unterschiedlichen Mitteln die das taten. Der Erfolg war sehr, sehr groß. Allein im Juni 1978 hatten wir 210 Schüler dagehabt, die jeweils zwei bis drei Stunden in der Ausstellung geblieben sind, sich ein Referat angehört und darüber diskutiert haben. Leider haben wir diese Ausstellung schließen müssen. Da wir keine Unterstützung von der Stadt hatten, wurde die Sache zu teuer und zu gefährlich: Die NPD hatte schon mehrfach unsere Schaufenster beschmiert, und wir wollten nicht, daß sie uns die ganze Sache demolieren. Aber wir sind in Verhandlung mit der Stadt: Vielleicht findet sich ein neuer Raum."

Warum er das alles macht? Klaus überlegt einen Moment. Dann meint er: „Irgendein berühmter Mann hat mal gesagt: Wer die Geschichte nicht begreift, der muß sie zweimal erleben. Und ich möchte nicht, daß wir zum zweiten Mal Faschismus haben."

Wenn sie ihre acht Bürostunden bei einer Hamburger Versicherungsgesellschaft hinter sich hat, führt ihr erster Weg oft ins Gewerkschaftshaus. Birgit von Randow, 23 Jahre jung, ist Betriebsrätin und Vorsitzende im Kreisjugendausschuß des Deutschen Gewerkschaftsbundes. In einem Kreis von mehreren Zehntausend junger Gewerkschaftskollegen heißt das: viele Aufgaben, hohe Verantwortung.
Sie war noch Schülerin, als sie zum ersten Mal an einer Protestdemonstration gegen eine NPD-Kundgebung teilnahm: „Ich war schockiert von den Parolen der Nazis. Und vor allem darüber, wie brutal die Polizisten gegen uns Demonstranten vorgingen. Für mich war das Anlaß, mich stärker mit diesen Fragen zu beschäftigen."
Es folgten Gespräche mit Widerstandskämpfern, Diskussionen mit Mitschülern. Und dann war da dieser eindrucksvolle Besuch auf dem Gelände des früheren KZ Buchenwald: „Ich glaube nicht, daß ich den Anblick der Folterräume und Todeszellen jemals vergessen kann. Und auch nicht die Begegnung mit den ehemaligen Häftlingen des Lagers, die uns durch diese Räume führten..."

Birgit liebt die Bücher von Mark Twain und die Songs von Hannes Wader. Sie hat alle drei Bände von Tschakowskis Leningrad-Roman „Die Blockade" gelesen und hört gern die kämpferischen Volkslieder von Zupfgeigenhansel. Das gehört zu ihr wie das Bestreben, sich als Gewerkschafterin für die Verbesserung der Lebensbedingungen der arbeitenden Menschen einzusetzen.

Birgit hat mit dafür gesorgt, daß auf den Kongressen der Gewerkschaften Beschlüsse über den verstärkten Kampf gegen Neonazistische Aktivitäten gefaßt wurden.

„Kampf gegen Faschismus – das ist eine alte Gewerkschaftstradition.

Gewerkschafter nahmen am Widerstand gegen den Hitlerfaschismus teil, setzten sich nach 1945 für einen wirklich demokratischen Neubeginn ein und gegen die Wiederaufrüstung in unserem Land. Und genauso sind wir heute dabei, wenn es gegen die NPD und andere Neonazis geht. Das ist für uns und unsere Organisation einfach lebenswichtig."

Die Gewerkschaftsbewegung ist im Kampf gegen den Faschismus eine unersetzliche Kraft. Und Birgit zitiert den DGB-Vorsitzenden Vetter: „Nicht die Politik gutgläubiger Partnerschaft, sondern die politische und gewerkschaftliche Kampfkraft der Arbeiterbewegung kann allein den Teufelskreis zerschlagen, der aus der Wechselwirkung von Krise und politischer Reaktion entsteht."

Darum ist Birgit zusammen mit Hunderten ihrer Kollegen auch dabei, wenn es darum geht, Jugendliche über die Ursachen des Faschismus und die Möglichkeiten des Widerstandes zu informieren. Und darum auch hilft sie mit, daß die Veranstaltungen zum Antikriegstag ein Erfolg werden, daß mehr Kollegen als in den vergangenen Jahren daran teilnehmen.

Und sie weiß als Gewerkschafterin, daß man den Neonazismus nicht isoliert von den gesellschaftlichen Verhältnissen sehen darf: „Jugendarbeitslosigkeit, schlechte Wohn- und Freizeitbedingungen und eine trostlose, ungewisse Zukunft für viele Jugendliche ist ein gutes Klima für die alten und neuen Nazis. Und solange wir in diesen Fragen in unserem Land nicht einen entscheidenden Schritt weitergekommen sind, wird das Thema Neonazismus auf der Tagesordnung bleiben."

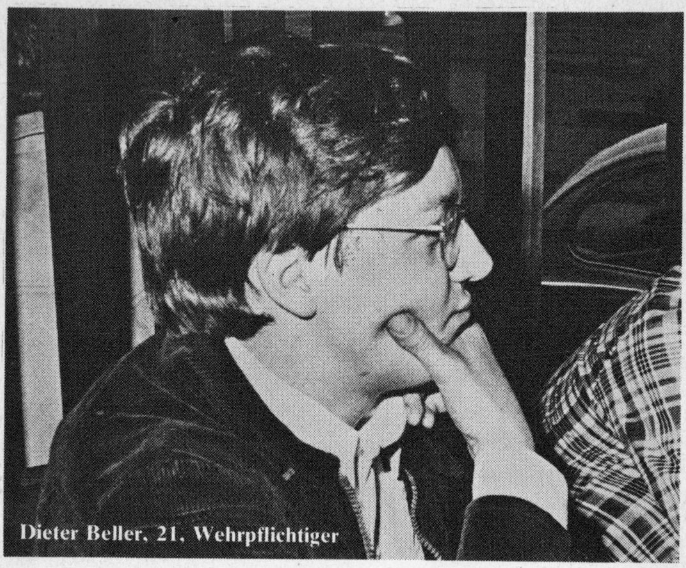

Das erste, was man von ihm hört, ist die geheimnisvolle Zahl „144". Und dazu baumelt einem ein Zentimeterbandmaß vor den Augen, letzte Ziffer: „144".
Tag für Tag wird dieses Maßband kürzer werden, und wenn auch der letzte Schnipsel in den Papierkorb wandert, hat Dieter Beller seine Bundeswehrzeit rum.
In knapp fünf Monaten wird Dieter seinen olivgrünen Kampfanzug wieder mit der normalen Arbeitskleidung eines Schriftsetzers eintauschen können. Und wie fast jeder der 200000 Wehrpflichtigen wünscht er sich diesen Tag lieber für heute als morgen herbei. Dieter ist einer der Soldaten, die ihre eigene Meinung bei der Bekleidungskammer nicht gegen einen Stahlhelm eingetauscht haben. Als ehemaliges Mitglied der Schülervertretung in Nordrhein-Westfalen, Gewerkschafter und Mitglied der Sozialistischen Deutschen Arbeiterjugend (SDAJ) setzt er sich kritisch mit dem Geschehen in der Bundeswehr auseinander:
„Meine ersten schlechten Eindrücke bekam ich schon beim Betreten meiner Einheit: Hakenkreuzschmierereien an den Wänden, und ‚Jeder Schuß – ein Ruß' stand auf einer Tafel, die die Schießlei-

stungen der einzelnen Soldaten zeigte. Und als der Generalinspekteur der Bundeswehr, General Wust, angeordnet hatte, aufgrund der antisemitischen Vorfälle an der Münchener Bundeswehrhochschule verstärkt über das Thema Nationalsozialismus zu diskutieren, wurde daraus eine antikommunistische Gruselstunde. Mein Batterie-Chef nahm das nämlich zum Anlaß, über die fortschrittlichen Kräfte in unserem Land herzuziehen. Der ‚Linksextremismus‘ sei viel gefährlicher, meinte er. Antikommunismus und Hetze gegen Antifaschisten, das war übriggeblieben von der ‚Aufklärung über den Nationalsozialismus‘."
Für den 21jährigen Gefreiten sind die Vorgänge in seiner Kaserne keine Einzelfälle. „Nicht zufällig war es in dieser Bundeswehr möglich, daß ein Nazi-Oberst Rudel und ein chilenischer Faschistenoffizier sich von Offizieren haben feiern lassen können. Die Traditionstreffen zwischen Angehörigen der ehemaligen Waffen-SS und Bundeswehreinheiten, die Benennung von Kasernen nach alten Militaristen und faschistischen Generalen und vieles mehr zeigen es doch deutlich. Es ist eine verderbliche Tradition, in die sich die Bundeswehr heute stellt."
Dieter Beller ist zusammen mit anderen Soldaten angetreten, um hier einiges zu verändern. Im Hamburger „Arbeitskreis Demokratischer Soldaten", einem Zusammenschluß einiger Dutzend fortschrittlicher Soldaten, diskutieren sie deshalb nicht nur über Schikanen und höheren Wehrsold. Sie waren auch in Uniform in Köln dabei, als 30000 Antifaschisten am 22. April 1978 für die Auflösung der ehemaligen SS-Verbände demonstrierten.
Und Dieter hat auch in seinem Standort mitdemonstriert:
„Als die NPD in Hamburg zu einer Kundgebung aufrief, auf der der Major der Bundeswehr Karl-Heinz Lindner als Redner angekündigt war, gab es für mich und einige meiner Kameraden kein Zaudern. Wir nahmen an der Seite von Hamburger Jugendlichen und Antifaschisten an einer Gegendemonstration teil.
Wir wollten damit klarmachen, daß es in der Bundeswehr nicht nur Neonazis und Entspannungsgegner gibt, sondern auch Demokraten, die sich dagegen zur Wehr setzen."

Filme

Kurzübersicht über Spiel- und Dokumentarfilme, die für Schulunterricht, Gruppen- und Diskussionsabende verwendet werden können.

Entleihstellen: Kreis- bzw. Stadtbildstellen und Landesfilmdienst

1. **Nacht und Nebel,** s/w, 30 Minuten
   Der Dokumentarfilm zeigt das barbarische System der Konzentrationslager am Beispiel von Auschwitz.
2. **Requiem für 500 000,** s/w, 29 Minuten
   Ein Bericht über das Ghetto in Warschau und seine Vernichtung im April und Mai 1943 durch die SS.
3. **9. November 1938,** s/w, 14 Minuten
   Der Film zeigt in dokumentarischen Bildern, wie es zur „Reichskristallnacht" kam und sich die Judenverfolgung verschärfte.

Entleihstelle: UNIDOC GmbH, Dantestraße 29, 8000 München

1. **Nackt unter Wölfen,** s/w, 123 Minuten
   Verfilmung des Romans von Bruno Apitz über die Rettung eines Kindes im KZ Buchenwald.
2. **Rotation,** s/w, 81 Minuten
   Ein Spielfilm über einen „Mitläufer", der sich nach langen Konflikten am Widerstandskampf beteiligt und von seinem eigenen Sohn denunziert wird.
3. **Rat der Götter,** s/w, 110 Minuten
   Vor dem Hintergrund des IG-Farben-Konzerns wird am Schicksal eines Chemikers die Verquickung des Faschismus mit Kapitalinteressen verdeutlicht.

Entleihstelle: ATLAS-Film, 4100 Duisburg

1. **Der gewöhnliche Faschismus,** s/w, 115 Minuten
   Der Dokumentarfilm stützt sich auf historisches Filmmaterial und deckt überzeugend die Mechanismen faschistischer Herrschaft, seine Wurzeln und seinen verhängnisvollen Einfluß auf die Psyche auf.

Heinz Brüdigam: Das Jahr 1933. Terrorismus an der Macht.
Röderberg-Verlag, Frankfurt/Main, 136 Seiten, 9,– DM
Die beste Einführung zum Thema. In knappen, verständlichen und übersichtlichen Beiträgen wird die Entwicklung der Jahre 1932/33 geschildert. Zahlreiche wichtige Dokumente im Anhang. Für das Selbstlesen und das gemeinsame Lernen in Gruppen (Schule!) hervorragend geeignet.

Eberhard Czichon: Wer verhalf Hitler zur Macht?
Pahl-Rugenstein Verlag, Köln, 105 Seiten, 9,80 DM

J. Berlin / D. Joachim u. a.: Was verschweigt Fest? Dokumente zum Hitler-Film
Pahl-Rugenstein Verlag, Köln, 216 Seiten, 9,80 DM
Einer kurzen, sehr brauchbaren Analyse der Machart des Film folgt eine ausführliche Dokumentation darüber, wie der Fest-Film in den Zeitungen der BRD besprochen wurde.

Karl Sauer: Die Verbrechen der Waffen-SS. Eine Dokumentation
Röderberg-Verlag, Frankfurt/Main, 88 Seiten, 4,– DM

Abendroth / Düx u. a.: Der antifaschistische Auftrag des Grundgesetzes.
Röderberg-Verlag, Frankfurt/Main, 64 Seiten, 2,50 DM
Diskussionsbeiträge von einer Veranstaltung zum 25. Jahrestag des Grundgesetzes. Wichtige Argumente. Im Anhang nützliche Zusammenstellungen antifaschistischer Artikel aus der Bundes- und mehreren Landesverfassungen.

U. Mayer / G. Stuby (Herausgeber): Die Entstehung des Grundgesetzes. Beiträge und Dokumente.
Pahl-Rugenstein Verlag, Köln, 338 Seiten, 14,80 DM
Die Autoren legen ausführlich dar, wie und welche antifaschistischen Artikel in die Verfassung der BRD Eingang fanden und welche Bedeutung diese Artikel in den heutigen politischen Auseinandersetzungen (Neonazismus, Berufsverbote) besitzen können.

Willi Bredel: Die Prüfung. Dein unbekannter Bruder (Romane)
Aufbau-Verlag, Berlin/DDR, Preis je ca. 8–9 DM
(„Die Prüfung" auch als Taschenbuch für 2,90 DM)
Diese beiden „klassischen" Romane über den Widerstand der deutschen Arbeiterklasse gegen den Faschismus wurden schon in den dreißiger Jahren geschrieben. „Die Prüfung" spielt im KZ Hamburg-Fuhlsbüttel, „Dein unbekannter Bruder" schildert die illegale Parteiarbeit von Kommunisten und Sozialdemokraten. Äußerst spannend.

Harald Hauser: Wo Deutschland lag. Roman
Damnitz-Verlag, München, 8,– DM
Ein deutscher Antifaschist kämpft in der französischen Widerstandsbewegung und versucht, möglichst viele Hitler-Soldaten zur Einstellung des sinnlosen Kampfes zu bewegen und so ihr Leben zu retten.

Otto Gotsche: Zwischen Nacht und Morgen. Roman
Mitteldeutscher-Verlag, Halle/Saale (DDR), Preis unter 10,– DM
Über die letzten Tage der Naziherrschaft und die amerikanische Besatzungspolitik in Thüringen und Sachsen. Arbeiter retten ihre Fabrik vor Sprengung und Demontage.

Werkkreis Literatur der Arbeitswelt: Der rote Großvater erzählt
Fischer-Taschenbuch-Verlag, Frankfurt/Main, Band 1445, Preis 4,80 DM
Reportagen, Erzählungen und Tonbandprotokolle über den Kampf gegen den Faschismus.

Pressedienst Demokratische Initiative: Das Urteil von Mannheim:
NPD nicht verfassungsfeindlich? Eine Dokumentation
64 Seiten, Preis 3,– DM (Münzstraße 3, 8000 München 2)

Alle hier genannten Bücher können über collectiv-Buchhandlungen oder direkt über den Brücken-Verlag, Ackerstraße 3, 4000 Düsseldorf, bezogen werden. Der Buchhändler an der Ecke wird die meisten davon nicht vorrätig haben. Er wird sie euch aber gerne bestellen, wenn ihr Verfasser, Titel und Verlag nennt.

Zeitungen

Nachfolgende Zeitungen und Jugenddienste beschäftigen sich mit dem Thema Neonazis in der Bundesrepublik und berichten über die antifaschistischen Aktivitäten demokratischer Jugendverbände.
Fordert Probeexemplare an!

die tat – antifaschistische Wochenzeitung
Feldbergstraße 30, 6000 Frankfurt/Main

Antifaschistischer Jugenddienst
Herausgegeben vom Präsidium der VVN – Bund der Antifaschisten
Rossertstraße 4, 6000 Frankfurt/Main

Jugendmagazin elan
Brüderweg 16, 4600 Dortmund

rote blätter
MSB Spartakus, Bundesvorstand
Poppelsdorfer Allee 104, 5300 Bonn

Deutsche Volkszeitung
Oststraße 154, 4000 Düsseldorf

Unsere Zeit – Zeitung der DKP
Prinz-Georg-Straße 77, 4000 Düsseldorf

Neue Kommentare
Mauerweg 20, 6000 Frankfurt/Main

ran
Postfach 2601, 4000 Düsseldorf

Arbeiterjugend
SJD – Die Falken, Bundesvorstand
Kaiserstraße 71, 5300 Bonn

Schnittpunkt
Bundesjugendleitung der Naturfreundejugend
Neue Straße 150, 7000 Stuttgart

Adressen

Rat, Hilfe, Informationsmaterial und -gespräche vermitteln euch die nachfolgend aufgeführten Organisationen ehemaliger Widerstandskämpfer gegen den Hitler-Faschismus.

Arbeitsgemeinschaft Bayerischer Verfolgtenorganisationen
c/o Dr. Ernst Bornstein
Gentzstraße 1, 8000 München 40

Arbeitsgemeinschaft Verfolgter Sozialdemokraten
c/o Emil Brune
Brüderweg 10, 4600 Dortmund

Bund der Verfolgten des Naziregimes (BVN) und
Redaktion „Die Mahnung"
Mommsenstraße 27, 1000 Berlin-Charlottenburg

Interessengemeinschaft ehemaliger deutscher Widerstandskämpfer in den vom Faschismus okkupierten Ländern
Wiesenstraße 34, 6000 Frankfurt/Main 60

Internationale Lagergemeinschaft des KZs Neuengamme
Bökerstraße 54, 2356 Aukrug-Böken

Lagergemeinschaft Buchenwald
Stalburgstraße 12, 6000 Frankfurt/Main

Sachsenhausenkomitee für die Bundesrepublik Deutschland
Postfach 230, 4600 Dortmund 50

Vereinigung der Verfolgten des Nazi-Regimes / Bund der Antifaschisten
Rossertstraße 4, 6000 Frankfurt/Main